「英語脳」vs.「日本語脳」

違いを知って
違いを超える

英語脳

一、二人称的視点
三人称的視点 →

日本語脳

SVO
省略不可
語順文法
中心→周辺
"the" "a"

〔S〕OV
省略可
格文法
周辺→中心
「は」「が」

I'll take
this.

これに
します。

Kumagai Takayuki
熊谷高幸

新曜社

目　次

9章　日本人は英語とどう付き合うべきか？ 145

装幀　臼井新太郎

「英語脳」と「日本語脳」の中身を探る

1 「英語脳」とは何か？

　日本人は英語が苦手です。日本語だとすぐにいえることが英語になるとなかなかうまくいえません。それは、**英語が日本語とは全く違う発想で作られた言語**だからです。

　そこで、最近では、わかりにくい英語の発想を「英語脳」と呼ぶことが多くなり、本や YouTube 動画のタイトルの中でも多く使われるようになっています（ただし、後で説明するように、「英語脳」といっても、脳そのものが違うわけではありません）。しかし、それらを見てみると、「**英語脳ならこういう**」と、日本語とは違う、英語の発想で作られた文例がたくさん示され、あとは、それに慣れるためのトレーニングになっているものがほとんどです。確かに、そのトレーニングによって英語の発想が染み込んでいく効果はあると思います。しかし、**なぜ、「英語脳ならこういう」**のか、その理由がほとんど述べられていないので、はぐらかされたような気持ちが残ります。

　「英語脳」ということばと同じように最近よく使われるのが「**英語ネイティブ**」ということばです。これは、英語の発想を生来もっている、英語を母語とする人々という意味で、「英語ネイティブならこういう」と、日英のことばの違いを強調するときによく使われます。そこで、このことを踏まえて考えると、「英語脳」は英語ネイティブが話すときに使う脳のしくみ、という意味で使われることが多いようです。しかし、こうなると、私も含め、英語を母語としない、ほとんどの日本人は、一生かけても「英語脳」には到達できず、できることは、ただ、少しずつそこに近づくことだけ、ということになってしまいます。

2 共有・共用のための「英語脳」を求めて

英語がグローバル言語となった現代、母語でなく、公用語もしくは準公用語として英語を使う人々の数は、すでに英語ネイティブの数を大きく上回るといわれています。また、同じように英語といっても、イギリス英語、アメリカ英語、オーストラリア英語には発音や言い回しに違いがあります。そして、たとえばシンガポールの英語は**シングリッシュ**、ヒンディー語の影響を受けるインド英語は**ヒングリッシュ**と呼ばれているように、独自の特性をもつ、ローカルな英語もふえているようです。しかし、このように多くの違いをもつ人々のあいだであっても、国際会議や商取引では英語を介した意思の交換が可能になるのは、**英語の発想、つまり「英語脳」を共有・共用のツールとして皆がもっており**、それを介してコミュニケーションをしているからです。

いま日本人に求められるのは、生粋の英語ネイティブに近づくことではなく、表面的な違いを超えた、大元にある英語の発想、つまり「英語脳」を身につけることであると考えられます。では、そのような意味での「英語脳」とは何か、について考えるときに役立つのが、実は「日本語脳」なのです。日本語は英語とは真逆といえるほどの違いをもつ言語です（これについては著者自身、2冊の本を書いています：熊谷 2011, 2020）。そのために、日本人は英語学習に苦労するわけですが、しかし、見方を変えると、非常に大きな違いがあるからこそ、**両言語を比較すると、大きく根本的な違いを見つけることができる**のです。その結果、見えてくるのが「英語脳」と「日本語脳」の中身です。

3 実は「英語脳」以上にわかっていない「日本語脳」

そこで、「英語脳」と同時に「日本語脳」についても知っておくことが必要になるわけですが、実は日本人でも「日本語脳」のことがよくわかっているとはいえないのです。日本人は、特に意識しなくても日本語を話せるので、そのしくみについてあらためて考えません。考えるときは、細部の、込み入った部分についてです。しかし、実は、**普段、私た**

ちが無意識的に使っている日本語の中にこそ英語の発想とは異なる日本語の発想、つまり、「日本語脳」が隠れているのです。

　日本語は、後で述べるように、**コミュニケーションの基本に合った素直な言語**です。一方、英語は**社会変化に応じて大きく改良を加えた言語**です。そのため、英語には意識して作られたところがあり、それだけに文法構造が明確になっています。また、英語はいまやグローバル言語となったため、その構造が他の言語使用者に公開されることが多くなっています。ところが、日本語については、私たちはその構造を意識することなく使うことが多く、また、他の言語使用者に公開されることも少ないのです。

　日本人は日本語を自分たちのあいだで問題なく使えているので、そのしくみについては意識せず、別世界のわかりにくい言語である「英語脳」にひたすら挑み続けます。しかし、日本人はもともと「日本語脳」で考えているので、物事を英語で表そうとしても「日本語脳」のクセが出てきてしまうのです。そこで、「英語脳」をトレーニングだけで身につけようとするのでなく、それを「日本語脳」と正面から向き合わせることによって違いを明らかにし、何をどう切り替えていけば「英語脳」となるのかを明らかにしていこうとするのが本書のねらいです。

4　ソフトウェアとしての「英語脳」「日本語脳」

　ところで、先に述べたように、「英語脳」とか「日本語脳」といっても脳そのものが違うわけではありません。しかし、この本では、このことばを無視したり否定したりするのでなく、カッコ付きで使い、その本当の意味を探る中で、見えにくい「英語脳」と「日本語脳」のしくみを「見える化」していきたいと思います。

　「英語脳」ということばは、英語に関する書籍やYouTubeのタイトルの中で広く使われており、日本人にはわかりにくい、**英語話者の脳内にある言語システム**を指すことばとして、人々の心にすでに定着しています。また、私たちは、日々、脳を使って話し、行動しており、それは

日本語話者も英語話者も同じです。ことばがそれぞれの脳の働きに関係していることは確かなので「英語脳」や「日本語脳」ということばが現れてくるのはおかしくないのです。

　脳の働きは見えにくく複雑なので、全体的なしくみがよく似ているコンピュータにたとえられます。コンピュータは、あらかじめ物として作られているハードウェアとそこに必要に応じてプログラムとして書き込まれるソフトウェアによって成り立っています。そして、このたとえを使うと、**脳そのものはハードウェアで、「英語脳」や「日本語脳」はそこに書き込まれていくソフトウェア**です。ですから、ハードとしての脳は同じでも、生後、そこに書き込まれていくソフトはそれぞれ違うものになるので、違う国に生まれれば違うことばを使うようになるのです。

　なお、もう少し詳しくいうと、ハードウェアとしての脳にもあらかじめ左半球に言語野という領域が設定されており、どの言語を迎えてもいい準備ができています。そして、日本語の環境の中で育つと世界は日本語を使って理解され、英語の環境の中で育つと英語を使って理解されるようになり、「日本語脳」「英語脳」に相当するシステムができあがるのです。人が生まれて、最初にこのようなシステムとして身につける言語を母語といいます。人は最初に母語を用いて周囲にある物の名を覚え、世界を表す方法や人とやりとりする方法を学ぶので、そのあと入ってきた言語がそれと入れ替わったり、切り替わったりすることがむずかしくなるのです。特に、日本語と英語のようにしくみが大きく異なる言語だと、切り替えはかなりむずかしくなります。

5　頭の中に同時通訳システムを作る

　多くの日本人は、英語と日本語のあいだに大きな違いがあることに気づいているので、なるべく英語話者には話しかけないように、話しかけられないようにしています。しかし、その状態から脱して、英語を話さなければならない状況に身を置いて英語を学ぼうとしたときに彼らがと

るのが英語圏に旅行に行くという
方法です。

　私の場合は、1回目は団体での
研修旅行でアメリカに行き、2回
目は単独行でロンドンに行きまし
た。実は、体験してみると、この
ふたつは全くの別物でした。団体
旅行では異国に足を踏み入れては

図0-1　頭の中の同時通訳システム

いますが、回りは主に日本人で、「日本語脳」を使って回りの世界を見
ることになります。ところが、単独行だと、「英語脳」をもつその土地
の人に合わせて話さなければならなくなり、その分、「英語脳」の出番
が多くなります。

　ただ、研修旅行のときは経験を積んだ日本人の同時通訳者が同行して
おり、「英語脳」を作るという点では彼との交流が役立ちました。彼に、
日本語を英語にするのとその逆ではどちらが容易か、と聞くと、確信を
もって前者だと答えてくれました。生まれたときから付き合いのある日
本語で話の内容をとっておき、それを英訳する方が楽だというのです。

　よく、英語を話すときは日本語から翻訳してはいけない、といわれま
す。しかし、日本人は常に日本語を通して世界を見、ものを考えている
のでその向き合い方を捨てるわけにはいきません。翻訳してはいけない
というのは、英語話者に向き合ったその場でしてはいけないということ
で、翻訳は事前に訓練しておき、その場では瞬時に、自動的におこなう
ことが理想です。つまり、図0-1のような同時通訳システムを頭の中
に作っておき、三者がどの方向にも瞬時に移行できるようにしておくこ
とが必要です。

　そこで、本書では、この三者がそれぞれどのような性質をもち、どの
ようにすればスムーズな移行ができるか、以下、考えていきたいと思い
ます。

6 「英語脳」と「日本語脳」を比較対照してみる

　では、日本語と英語のあいだにはどのようなしくみの違いがあるのでしょうか？ 「英語脳」で話し考えるように唱える本の著者やYouTuberは、日本語にとらわれることなく、英語の思考回路で文を作るようにと主張しています。しかし、では、「英語脳」の働きを妨げている「日本語脳」の働きとはどのようなものなのか、については、ほとんど説明がありません。英語を使うためには日本語は忘れた方がいい、ということなのかもしれませんが、日本人にとって「日本語脳」はいつも使っているものなので、忘れたくても忘れられず、その発想はすぐに表に現れてきます。むしろ、その正体を知っておく方が**不要なときにはブロックできるし、また、「英語脳」と「日本語脳」を比較することで両者の特徴がより鮮明になってくる**のです。

　また、日本人が英語が苦手なのは**間違いを恐れる**からだ、とは数十年も前からよくいわれていることです。しかし、日本語と英語のしくみの違いがいかに大きいものなのかをあらかじめ知っておけば、**間違えるのは当然だ**という気持ちで英語に臨むことができるようになるのです。

　この本の表紙に描かれている絵は、「英語脳」と「日本語脳」の主要な特徴を一目で見ることができるように比較対照してざっくり表したものです。そのため、両者の特徴をすべて表したものではありません。しかし、そこに描かれているものは、英語と日本語の多くの特徴（文字や音は除く）につながるので、**見えにくい両者の違いの全体像を「見える化」**するために表紙に掲げています。この本の中では、時々、この絵に戻り、その中のどこについて述べているのかを確認していきたいと思います。

7 一、二人称的な「日本語脳」vs. 三人称的な「英語脳」

　ところで、先に、最近では「英語脳」ということばを冠した本やYouTubeがふえていることを述べましたが、その中に非常に印象に残るものがありました。それは「ニック式英会話」という名のシリーズを開設

しているニックさんが「英語脳を作る3つのコツ（Part 1）」という動画の中で述べていることです。

　彼は、最初に、「英語の表現と日本語の表現は、実はみんなが思っているよりもずっと違うんです」と前置きしたあと、その違いを示す興味深い例を次のように紹介しています。

　　そこに人がいると気付かないときに急に話しかけられると、日本語では、
　　「わー！　びっくりした！」
　　といいます。しかし、英語ではこのようにはいわず、
　　"You scared me!"
　　といいます。でも、これを直訳すると、「あなたが私を怖がらせた！」となってしまい、日本人は決していわないはずです。

　ニックさんが取り上げた、日英のこれら2つの言い回しは、「日本語脳」と「英語脳」の違いを非常によく表していると思います。日本語だと、「わー！　びっくりした！」だけで通じるのは、本人と相手がその場におり、いま起きた**出来事の中に身を置いている**からです。そのため、余分なことばはいらず、本人が驚いたことをいうだけで通じるのです。つまり、**本人（一人称）と相手（二人称）の視点だけで成り立つことばの使い方**です。

　日本語では、このようなことばの使い方を基調にして文が作られています。そこで、この本の表紙の絵の中で「日本語脳」には「**一、二人称的な視点**」というラベルを付けておきました。

　ただし、日本語であっても、「英語脳」に近づくことがあります。たとえば、上例と違って、太郎が花子を怖がらせた場合なら、「わー！びっくりした！」だけでは全く意味が通じません。「彼が彼女を怖がらせた」というような、主語、動詞、目的語がそろった**三人称の人物を表す文**となります。これを英訳すると、"He scared her." となり、"You scared me!" と基本は同じ構文になります。

　このように、日本語の中にも英と同じ文の作り方はあるのです。た
だし、英語が日本語と違うところは、その場にいる者同士（一、二人称
的な関係）も含め、**すべての場合で三人称的な構文を使って話す**という
ことです。英語は、すべての場合で統一的な文の形を用います。そこで、
表紙の絵には、「英語脳」の方に「**三人称的な視点**」というラベルを付
けておきました。

　「英語脳」と「日本語脳」に見られる多くの違いは、この、「**一、二人
称的な視点**」と「**三人称的な視点**」という、基本的な視点の違いから生
まれています。ですから、以後、この本を通して、何度もこのことに立
ち返りながら話を進めていきたいと思います。

8 私たちの心に深く根ざしている母語の発想

　ところで、先に、日本語でも三人称的な人物を表す場合は、「彼が彼
女を怖がらせた」というように、"You scared me!" と同じ構文になる
と述べました。しかし、この場合にも両言語のあいだの違いが現れてい
ます。それは、日本語では、単語と単語のあいだに下線を引いて示した
「が」と「を」が含まれていることで、これを**格助詞**といい、文を作る
上で重要な働きをします。ちなみに、先の文の格助詞だけを変え、「彼
を彼女が怖がらせた」とすると、逆の意味になってしまいます。そのた
め、日本人は文を作るときにいつも**格助詞の選択**に注意を払っているは
ずなのです。

　ここで、いきなりですが、以下の文の（　）の中にひらがな1字を入
れて文を完成させてみてください。

　子どもたち（　）木の下（　）遊んでいる。

　どうだったでしょうか？　ほとんどの日本人には簡単すぎて物足りな

8

い出題だったと思います。しかし、これを日本語学習中の外国人や言語発達に遅れをもつ子どもに出題すると、簡単すぎる問題にはならないのです。ということは、この答えの中には、ほとんどの日本人がすでに習得しているけれども、その前に身につけてきた、日本語の基礎の基礎、つまり、**「日本語脳」の元になるもの**が含まれているということです。

　私は、この数年、毎年、担当授業の大学生たちにこれらの問題に答えてもらっています。すると、（　）の中にはひらがな71文字の中のどの字を入れてもいいはずなのに、**いつも決まった文字が入っています**。以下は、そのうち、あるクラスで実施した37名の結果で、それぞれの答えが37名中の何人に現れたか、を示しています。

　　子どもたち（は：23／37名）木の下（で：37／37名）遊んでいる。
　　　　　　　（が：14／37名）

　見ると、最初の（　）の中は「は」と「が」に分かれています。また、次の（　）の中はすべてが「で」になっています。

　そこで、この37名には、なぜそのように答えたのか、その理由を聞く設問も作っておきました。すると、それには、３名が「よく見る（ある）文章だから」「これ以外は思いつかなかったから」と答えましたが、残る34名はあらかじめ用意した「理由はよく分からないが、この答が自然だと思ったから」という回答を選んでいました。

　また、今回は、もう１問、（　）に入れたのは何という品詞か？という設問も作っておきました。すると、「分からない」という回答を選んだのが37名中25名、「接続詞」が７名、副詞が１名、正しく「助詞」と答えたのは残念ながら４名だけでした。

　以上のことから考えると、多くの日本人は、それぞれのことばの役割や文法用語を意識して文を作っているわけではないようです。しかし、にもかかわらず、毎年、どの学生たちに実施しても同じ答えが返ってくるということは、**こう答えるように仕向けている日本語の決まりがある**

から、といえるでしょう。

　では、その決まりとはどのようなものか？　それについては、以下の章で詳しく述べていくつもりですが、ここでは、なぜ上記の答えが正答なのか、簡単に述べておくことにします。

　１番目の（　）には主語を示す格助詞が入ります。主語を示す格助詞は「は」と「が」の２つがあり、出題の文ではどちらを入れても正解です。「は」にすると、話し手があらかじめ子どもたちに注目している場合になります。一方、「が」にすると、初めて子どもたちに注目した場合になります。学生たちは、このような理由付けができませんでした。しかし、この場合、「は」と「が」のどちらを入れても問題がないと感じているので、迷わず解答できたと考えられます。

　次に、２番目の（　）に入るのは、場所を示す格助詞になります。ただし、その役割をするものは２つあり、行動が向かう先を示すときには「に」が、行動が起きている場所を示すときには「で」が付きます。そして、この場合は遊んでいる場所なので「で」が正答になります。

　ただし、先の調査結果からもわかるように、日本語話者はこれらのことを文法の用語と関連させて理解しているわけではありません。**私たち日本人は、学校教育を受ける前の段階で、日常生活の中でこれら、ことばの決まりを身につけてきたのです。**

9　学齢前に作られる「英語脳」「日本語脳」の基礎

　「英語脳」「日本語脳」の中身を明らかにするのがむずかしい一番の理由は、**その基礎が通常、１歳から５歳までの、非常に早い時期に形成されるからです。**６歳から私たちが学校教育の中で学ぶ中心的な事柄は、書きことばや科学的な概念です。しかし、実は、その時点で、「英語脳」「日本語脳」の基礎はすでにできあがっています。

　子どもは通常、１歳前後に、初語と呼ばれる、最初のことばを発します。そして、**就学前の４、５歳になると、大人が使うのとあまり変わらない文の形でことばを交わすことができるようになります**（このことに

ついては日本語も英語も同じです）。しかし、子どもは、その文の形を保育園や幼稚園の先生に詳しく教えられたわけではありません。日常生活の中で身につけてきたのです。そして、**私たちの中にこれほど早くから深く染み込んでいることばのルールだからこそ、そのルールを全く異なる言語のルールに切り替えるときには大きな困難が生じるのです。**

　以上のように、「英語脳」と「日本語脳」が作られる現場は、学校教育が始まる前の初期の段階にあるので、どのようにすればそれを後になって構築できるか、を明らかにするのはむずかしいのです。ただし、「英語脳」については、英語がグローバル言語であるため、その中身を公開し、英語を母語としない人々に伝えようとする動きは進んでいます。しかし、「日本語脳」については、あまり進んでいるとはいえません。このままだと、将来、それは、**グローバル言語である英語の習得を阻害する現地語**と見なされ、そのしくみが明らかにならないまま捨て置かれてしまう危険さえあるのです。そうならないようにするためには、日本語の隠れたしくみを明らかにし、それを自国の人々だけでなく、**海外の人々にも公開していく**ことがもっと必要です。

＊発達心理学者としての私の立場

　ここで、著者である私自身について少し述べておくことにします。

　私は、これまで、研究分野を何度か変えてきました。最初は大学でフランス文学を学び、卒業後、心理学の方に専門を変え、自閉症の人たちのコミュニケーションについての研究と支援をおこなう中で40年を過ごしてきました。

　自閉症の人たちと係わることで私が気づいたのは、私たちが使う言語がコミュニケーションと深く結びついているということです。

　重度の症状を示す自閉症の人たちは、先に述べた、「日本語脳」が作られていく、初期の段階でつまずきを示していると考えられます。彼らは、他の人と回りの世界への注意を共有する（共同注意といいます。2章参照）ことが苦手です。また、知っていることばの数が多くても、そ

れらをつないで実際の出来事に対応させた文を作っていくことができないのです。そのため、学齢期にある自閉症児の教育であっても、学齢前の段階に戻って言語能力を形成していくことが必要でした。

彼らが作る文の誤りは、上述した、格助詞の誤りとして現れる場合が多くありました（熊谷 1993）。たとえば、「クマが魚をつる」という文を作るための絵カードを見せ、「何が描いてあるかな？　お話をして」というと、「クマに魚がつる」というような、格助詞の使用に誤りのある文が多く現れました。このような経験の中で、私は、初期の日本語の学習では格助詞の働きを学ぶことが大切であることを知りました（このことは日本語を学習する外国人についてもいえます）。

ところで、以上のような経験の中でもうひとつ気になり始めたのは、私たちが日本語でない他の言語、たとえば英語を身につけていくときに同じように大切になるものは何か、ということでした。私たちは学校教育の中で多くの英単語や文法用語を習います。しかし、英語話者に出会い、とっさに英語を話そうとすると、上述の自閉症の子と同じように、全く状況に合わない文を作り出してしまう恐れがあるのではないでしょうか。

私たちは、「日本語脳」に当たる、深く染み込んだ部分については自信があるので、日本語を使う限り、大きな間違いはしにくいのです。しかし、英語になると、「日本語脳」に相当する「英語脳」ができていないので、自分の英語に自信をもてなくなります。

以上のことから、私は、日本人の英語学習についても、自閉症の人たちのコミュニケーション支援とも共通する、発達心理学的な考え方が必要であると考えるようになりました。

＊自分自身を実験台にして

そこで、私は、英語学習を再スタートさせ、**「英語脳」が作られていく過程を身をもって確かめてみる**ことにしました。

また、このような試みをする中で、私がもうひとつ自分に課したこと

は、すべてが日本語だけで済んでしまう日本人の環境から離れて、英語を用いないと話が進まない環境に身を置くことでした。とはいっても、いきなり海外に滞在することができない事情があるため、私が選んだのは、英語ネイティブの人と持続的に英語で会話する機会を確保するという方法でした。

その結果、私は、3年前にマリアさんという方に出会うことができ、以後、毎月2回、1時間ずつのレッスンで英語による会話を続けています。彼女は16年間、私が住む福井県で暮らしていますが、日本語に染まることなく、英語ネイティブとしての立場で会話に臨んでくれます。また、偶然にも、彼女は来日前に大学で言語学を専攻しており、日本語と英語の違いをトピックにして会話を進めていくには最適の人でした。

そこで、彼女と共に進めてきた英会話レッスンの中で気づいたことにも触れながら、以下の章を進めていくことにします。

10　この本の構成について

以下、**9章**にわたって、この本で述べていく内容は、英語はどのような発想のもとで文を作り、その内容をふくらませていくのか、また、それは日本語の発想や文の作り方とどのような違いをもっているのか、についてです。そして、この違いは、表紙の絵の中にも示したように、それぞれの側面について対立的な特徴をもっているので、各章のタイトルはそれらを"vs."でつなぐ表し方にする場合が多くなりました。ただし、**2章**では、「日本語脳」と「英語脳」は**なぜ分岐したのか**について発達心理学の観点から述べ、**7章と8章**では、**時間と空間の問題**にしぼり、日英での捉え方の違いについて述べていきます。そして、最終の**9章**では、いま、グローバル化の時代に、日本人はどのように英語と向き合うべきか、という大きな問題を考えます。

私は、この本を書くにあたり、自分自身の英語についての知識不足を補うため、英文法の本をたくさん読みました。そこからは多くのことを学ぶことができましたが、不満も残りました。そこには英語に係わる文

法事項が網羅的に書かれてはいるのですが、英語がどのような発想にもとづいて作られているのかという、「英語脳」の中身に関する部分があまり書かれていなかったのです。それらの本が網羅的な理由は、英語の試験で問題がどこから出題されてもいいように、という、テスト対策的なところがあるためだと思います。

　この本は英語のテスト対策などに直接役立つものではありません。テストの対策をするには、大学入試用、英検用、TOEIC 対策用などの本が必要で、多くの日本人は、それらを用いて英語学習を続けています。しかし、このようなテスト対策が「英語脳」のしくみを知り、英語の基礎力を作ることを阻害しているところもあるのではないか、と思います。

　このことについて、ある日、いま、私の英語の先生になっている、上述のマリアさんと話したことがあります。すると、彼女からは、"English is English." ということばが返ってきました。「英語の神髄は英語そのものの中にある」という意味でしょうか。英語には会話用の英語、試験用の英語、会議用の英語、論文用の英語、映画や文学を味わうための英語など、いろいろな英語があります。しかし、すべてに通じ、その基礎になっているのは、これまで述べてきた「英語脳」の働きです。それは、私たち日本人が「日本語脳」をもっているからこそ、いろんな日本語の世界に自由に入っていけるのと同じことです。

　そこで、以下、「日本語脳」「英語脳」とは何か、また、「日本語脳」をもつ日本人はどのように「英語脳」と付き合うべきか、について順を追って述べていきたいと思います。

1章
一、二人称的な日本語 vs.
三人称的な英語

1 二人のあいだでしか通じない日本語の会話

日本語と英語にはどのような違いがあるのでしょうか？

序章では、日本人が英語が苦手な主な理由は日本語の方にある、ということを述べました。また、表紙の絵には、そこから表れる文の違いの例も示しておきました。日本人は店で商品を選ぶとき、「**これにします**」といいます。しかし、英語では "**I'll take this.**" といいます。日本語では、お互いがその場にいて商品を目の前にしている状況なので「これにします」だけで十分だと考えるのです。けれども英語では、自分のことも第三者がおこなう行為と同じようにきちんとした文の形で表します。そのため、表紙の絵の中には、日本語の視点を**一、二人称的な視点**、英語の視点を**三人称的な視点**と名づけて示しておきました。

しかし、この問題を探るにはさらに多くのことばの例が必要です。そこで、以下、日英対照の会話例を見ていくことにします。

ドラマを見ていると、二人の刑事が犯人らしき男を追っているシーンをよく見かけます。追跡中、男は建物の中に消え、二人は物陰にひそんで出てくるのを待ち構えます。以下は、そんな場面で二人（AとB）が交わすことばを日本語と英語を対照させ、A、Bそれぞれに順番を付けて表してみたものです（図

図1-1 容疑者追跡中のAとB

15

A１：「あ、出てきた！」	He came out!
B１：「さあ、付けよう！」	Let's follow him!
A２：「待て！　よく見ろ！」	Wait!　Look carefully!
B２：「彼ではないのか？」	Isn't that him?
A３：「うん、違う」	No, it's not.

　日本語と英語を比べてみると、多くの違いを発見できます。

　第１に、**日本語では主語が省略**されています。A１の発話がそれです。二人は男を追跡するためにそこにひそんでいます。そういう経過からすると、わざわざ「男が出てきた！」と、主語を入れて表すと不自然になるのです。また、B２、A３も日本語には主語がありませんが、英語には"that"や"it"が付いています。このように、英語には主語がないと文が成り立たないしくみがあるようです。

　第２に、日本語ではB１のように、**目的語まで省略**することがよくあります。英語の"follow him"の"him"の部分です。しかし、日本語では、二人はすでに男を注視しているので「彼を付けよう！」というと不自然です。

　第３に、A３の応答は、日本語では「うん」、英語では"No"となっており、日英で**肯定と否定が逆転**しています。これは**否定疑問文**の形をとったB２の質問への応答であるため、日英で答え方が分かれるのです。日本語では、話の内容が否定的であっても、**その考えに賛同すれば**答えは「はい」や「うん」になります。しかし、英語では、**相手の思いに合わせるのでなく、出来事の客観的な内容に合わせて**"Yes"と"No"を選択するのです。

　以上のように、日本語は、話し手と聞き手が視点や思いを一致させながら話を進めていきます。そのため、すでに了解している事柄を表すことばは省略し、また、思いが一致しているかどうかを常に確かめます。

これに対して、英語は出来事の客観的な構造を表すように努めながら話を進めていきます。そのため、日本人にとっては不必要に思えることばも多く使います。それは、見知った人のあいだだけでなく、**あらゆる人のあいだで通じる客観的なことばとなるように**作られているからです。

*話し手本位の日本語 vs. ルールに則した英語

　私は、おおよそ以上のような考えにもとづき、10年以上前から日英の言語の違いを研究してきました。しかし、私自身が日本語を使う日本人であるため、英語ネイティブの人の立場を知るには限界があります。そこで、以前から、そのような人と長期に交流しながらこの問題を追究していく必要性を感じていました。そして、出会ったのが序章でも述べたマリアさんです。

　マリアさんはヨーロッパ各地を巡って育った方で、日本に来てから16年になり、これまでに数百人の日本人に英語を教え、大学でも英会話の授業を担当しています。また、来日する前の４年間は、英語・フランス語間の翻訳支援を中心に、多くの言語に触れる機会をもっていたそうです。

　そのような経歴をもつマリアさんが日本に来て驚いたのは、日本語が**ヨーロッパ諸国の言語とあまりにも違う**ということでした。彼女は日本語に対してはいまも違和感をもっており、日本人に英語を教えることのむずかしさを、日々、感じているようです。一方、私の方も、ものを考え、話すには日本語が使いやすく、英語にはいまも違和感をもち続けています。

　しかし、このように、私たちが**互いの言語に違和感をもつ者同士であることは、日本語と英語のしくみを知る上では非常に良い条件を作っている**と思っています。というのは「郷に入っては郷に従え」（When in Rome, do as the Romans do.）のことわざに従い、異世界になじんだつもりでいると、だんだん自分が異世界にいることを忘れ、あらためてその特性について考えることをやめてしまうからです。

マリアさんとのレッスンではいろいろなことを話題にし、ちょうどレッスン開始後に始まった新型コロナの話をよくしていますが、一番多いのは日本語と英語の違いについてです。そして、ある日、彼女に日本人の話し方についてどう感じているか聞いてみると、**「勝手に話す」**という答えが返ってきました。レッスン中は暗黙の了解で英語だけで話すようにしているのですが、このとき彼女が発したことばは日本語だったので私の心に刺さりました。彼女はそのあと、いい過ぎだったと思ったのか、「ある程度は（to some extent）」と付け加えましたが、これが日本人のことばの使い方についての彼女の正直な印象のようです。

　それに続く何度かのレッスンでの話し合いも含めて考えると、彼女は、日本人のことばの使い方は**ルールに則していない**、という印象をもっているようです。また、そのことが日本人の英語の話し方にも反映し、**ルールに則しない英語**になって表れてくる、と考えているようです。確かに、それは、先の二人の刑事の会話例にも当てはまり、お互いのあいだでは通じますが、第三者が聞いたら意味が通じません。また、英語で話そうとしても、その話しぶりは表れ、断片的なことばは出てきても、英文としてはまとまりにくいのです。

　では、日本人は全くルールのない状態で話をしているのでしょうか？もしそうなら、コミュニケーション自体、成り立たなくなるはずです。序章でも触れたように、日本語にも、**ルールとして表に現れにくいルール**が隠れています。そのルールをこれからもっと詳しく探っていきたいと思います。

2　日本人と英語ネイティブでは逆転するやさしさとむずかしさ

　ある日、マリアさんとのレッスンの際に、私は、英語が形にとらわれ、日本語のように自由でないことに触れ、**「だから、英語はむずかしい」**と話してみました。すると、マリアさんから返ってきたのは反対に**「だから、英語はやさしい」**ということばでした。つまり、日本人にとってむずかしいところが彼女にとってはやさしく、日本人にとってやさしい

ところが彼女にとってはむずかしいようなのです。

さらに彼女は、その理由についてこう付け加えました。**英語にはフォーミュラ**（formula：決まり文句、公式などの意）**があるから**、そして、**マス**（math, mathematics：数学の略）**に似ているから**、と。これを聞いて、私はびっくりしました。私はちょうどその頃、英語による文の作り方を**「公式への代入」**という、数学から借りてきたことばで説明できるかもしれないと思い始めていたからです。英語ネイティブの人は、やはり、あらかじめ、このような数学的な感覚をもっているようです。そして、彼女は、日本に来て、日本語に接する中で、英語についてのこの感覚を再確認したようなのです。

なぜ、日本人と英語ネイティブの人では、やさしさとむずかしさについての感覚がこんなにも違うのでしょうか？　数学や公式に通じるような言語は日本人にとってはむずかしく感じられます。では、英語ネイティブの人は、なぜそれをやさしく感じるのか？　違いが生まれた理由を考えていきます。

3 公式代入的な英語の構文法

英語ネイティブの人にとって英語がわかりやすいのは当然なのですが、その理由を具体的に考えてみると、**出来事を表すときにすぐに使える公式を用意してくれているから**、といえるでしょう。その公式に当てはめれば、基本的にすべての出来事を表せるように英語はできています。ですから、**目の前で起きていることを次々にその公式に当てはめて表していこうとする**のが英語の基本的な方針です。それは自然界の様々な現象を方程式で表そうとする数学の発想に似ています。

一方、日本語は、**聞き手の理解にもとづいて会話を循環させようとし**ます。あいまいな表現でも聞き手に通じればそれでよく、通じなければいい直します。そのため、聞き手が初めて会う人だったり、話が通じにくい相手だったりすると主語や目的語をきちんと入れ、英語に近い話し方になります。しかし、循環が進み、共有している部分が多くなってく

ると、上述の会話例のように、かなりの部分を省略してもよくなります。

　日本語では、話し手が聞き手に向かって話し始めた時点で、すでに、主語が「私」、つまり話し手自身であることが前提になっている場合が多くあります。また、話の流れの中で聞き手を表すことばや指示対象を表すことばが了解されると、それらも省略されていきます。一方、英語の文は、話し手と聞き手の視点にもとづく日本語とは違い、そこから独立して**出来事を客観的に捉える視点で構成**されます。すると、主語、動詞、目的語など、**出来事を構成する要素をきちんとそろえておく**ことが必要になるのです。また、日本語のように話し手の視点で話を進めると、**話し手の立場や感情に影響されて主観的になる**ことがあります。しかし、英語は客観的な視点にもとづくことを基本にしています。

　以上のことは、**話し手の視点 vs. 出来事に対する客観的な視点**という日英の文法の核心に結びつくので、今後も何度か取り上げることにします。

4　英語は5文型という公式への代入方式をとっている

　それでは、英語が用いる公式とはどのようなものでしょうか？　英語は出来事が成り立つ構造を5パターンに分け、すべての出来事が基本的にはそのいずれかに収まるようなしくみを作り上げています。5パターンとは、つまり、読者の皆さんも日本の英語教育の中で教えられた**5文型**のことです。

　日本語の会話も、結果的に見ると出来事を表しており、英語の5文型に相当する内容を含んでいます。しかし、表に現れてくることばだけではそのような形になっておらず、話の流れやその場の状況に助けられて出来事を表しているのです。一方、注目する**出来事の内容を5文型の構成要素にしっかり当てはめながら文を作っていくのが英語の構文法**です。

　ここで中学英語をおさらいすると、英語の5文型とは、主語（S）、動詞（V）、補語（C）、目的語（O）を組み合わせ、一定の順序で並べたものです。例文と共に示すと、以下のようになります。

第1文型	SV	I came from Japan.	私は日本から来ました。
第2文型	SVC	I am a student.	私は学生です。
第3文型	SVO	I have two bags.	私はバッグを2つもっています。
第4文型	SVOO	He gave me a gift.	彼は私に贈り物をくれた。
第5文型	SVOC	He made me happy.	彼は私を喜ばせてくれた。

　以上の5つの文型すべてに共通するのは、すべてが **SV** で始まっているということで、**英語の文は「何かが何かをする」という、出来事を表すということを主眼にした言語である**ことが表れています。また、出来事は行為によって生まれるので、それは**行為の文法**ということができ、また、行為を生みだす**行為者に重きを置き**ます。

　しかし、第2文型の例文だと、「私＝学生」ということになり、出来事ではないという人がいるかもしれません。けれども、「学生である」ということも入学試験で合格したり、学業を続けているという行為によって成り立っているわけで、そう考えると、行為が生みだした出来事です。このように、**すべての事象を出来事として捉え、表そうとしているのが英文である**といえます。

5　5文型の例文に表れている英語と日本語の違い

　しかし、一方、上記の英文の日本語訳の方を見てみると、同じ事柄を英語のように出来事としての側面を強調することなく表しているように見えます。それを示しているのが、すべての日本語訳が「私<u>は</u>」または「彼<u>は</u>」で始まっていることです。「は」は、（　）＝（　）という意味を生みだす働きをもっています。そこで、第1文型の日本語訳をそのような意味を強調して、ていねいに表すと、「私<u>は</u>日本から来た者<u>です</u>」となり、第2、第3文型も同様に表せます。また、第4文型は「彼<u>は</u>私に贈り物をくれた人<u>です</u>」となり、第5文型も同様に表せます。つまり、

すべて「私（彼）＝〜という人」という意味になり、出来事を表すというより、話し手が私や彼について**認識していることを表す**文になっているのです。

ということは、日本人は、あらかじめ頭の中に（　）＝（　）というような枠組みを作っていて、そこに表したいことを当てはめて文を作っているといえます。そこで、このような認識の枠組みをそのまま英語に当てはめると、おかしな英文が作られることになります。

上記の英文の「私<u>は</u>」と「彼<u>は</u>」の部分だけを英訳すると、"I am"と"He is"になります。そのため、「私は日本から来ました」という文にこれを当てはめると、"I am came from Japan"というような英文になってしまいます。このような文を作ってしまう日本人は意外に多いのです。実際、これまで多くの日本人に英語を教えてきたマリアさんに聞いてみると、そのような例は非常に多く、このような英文が現れたときには、それでは「私は日本から来た<u>です</u>」になってしまう、と注意しているそうです。

ある程度、英語を学習している人なら、こんな間違いはありえない、と思うかもしれません。しかし、そのような人でも、いきなり、イチゴケーキを食べるかチョコレートケーキを食べるか聞かれると、"I am a chocolate cake."（私＝チョコレートケーキ）と答えてしまうかもしれないのです（ちなみに、本書の**9章**では、以上のような日本人の発想から生まれた英作文の実例を示しているので参考にしてください）。

6　枠で囲んで中身を調べる日本人の思考法

ではなぜ日本人は、上記のような英語のルールに合わない文を作ってしまうのでしょうか？　それは、日本人の思考法に英語には合わないところがあるからです。

上記のように、英語の5文型の例文を日本語訳すると、「私は……」や「彼は……」のような「〜は」で始まる文にすることができます。それは、物事にはいろいろなことが含まれているので、それらをいったん

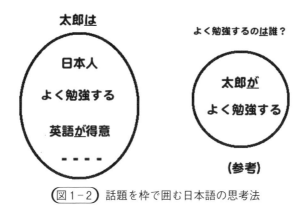

話題を枠で囲む日本語の思考法

大きな枠の中に入れて、その後、その中身を調べ、述べていこうとする思考法が日本語にはあるからです。

　この問題を、図1−2の左図に示したように、太郎について考えてみることにします。太郎には非常に多くのことが含まれているはずですが、ここでは「日本人である」こと、「よく勉強する」こと、「英語が得意である」ことを取り上げてみました。このとき、太郎に関して大きな枠を作り、その中にいろいろな事柄を放り込むのが格助詞「は」の役割です。「は」は、日本語文法では、近年、テーマ（主題）を表す助詞と見なされることが多くなっています（村田 2007, 山田 2009など）。テーマとは、それを掲げた後に述べるいろいろなことを包み込むことばだからです。このように、まず全体を見渡し、ある領域を枠で囲んでから、その中の部分部分について話を進めていこうとするのが日本語の発想です。

7　枠を作る「は」とその中で選択をする「が」

　ところで、枠の中の「日本人」と「よく勉強する」の場合は、太郎＝（日本人、よく勉強する）となって話が完結するのですが、「英語が得意」の場合は、「太郎は……」と、太郎を主語にして始めた文の中に「英語が……」と、もうひとつ主語相当のことばを入れるわけで、文法的には解釈がむずかしくなります。「は」と「が」の問題は、三上章（1960）

が『象は鼻が長い』（下線は熊谷による）という書物を著したあと、特に注目されるようになり、私自身も前著（熊谷 2011, 2020）の中で自説を述べてきました。

　私の考えを述べると、「は」はある事柄に関して枠を作り、「が」はその枠の中で選択して取り上げるものに付けていきます。図1-2の左図の枠には「英語が得意」と、「が」を含む文を示しています。この文は、太郎はいろいろな特性があるけれども英語を取り上げてみると、それが得意であるということを示しています。これは、上記の『象は鼻が長い』という書名の中の「は」と「が」と同じ働きを使っています。

　また、図1-2では、左図から導かれる「太郎はよく勉強する」の他に、「太郎がよく勉強する」という文を右図に示しておきました。このように、日本語では同じ文でも「は」を「が」に入れ替えて使うことができます。この場合は、図中に示したように、「よく勉強するのは誰？」というような、新たな枠を作る問いが作られており、それに答えて太郎が選ばれているのです。

　このように、日本語では「は」によってどの範囲を囲むかによって選ぶ対象が違ってきます。

　ところで、「は」によってテーマを作る方法は日本語では古くから使われており、平安時代に清少納言によって書かれた随筆、『枕草子』の中でも、効果的に使われています。

　　春は、あけぼの。やうやう白くなりゆく山ぎは、すこしあかりて、紫だちたる雲の細くたなびきたる。

　そして、このあと、「夏は夜。……」「秋は夕暮れ。……」「冬はつとめて。……」と、「良きもの」についての叙述が続きます。このように、それぞれ季節の枠を作り、その中で、何が美しいかを述べているのです。

　ここで使われているテーマを作る「は」は英語には変換しにくいもの

です。冒頭の、「春は、あけぼの」も英訳すると、以下のように語をたくさん連ねなければならなくなります（Stewart 2020）。

For spring, it is the dawn that is most beautiful.

図1-3 日本語の思考法を英語で表すと…

8 英語に変換しにくい日本語の思考法

以上のように日本語の思考法のもとで作られた文を英語に変換しようとするといろいろな問題にぶつかります。

図1-3は、図1-2の左図をそのまま英語に置き換えてみたものです。まず、"Taro is Japanese."になる場合は問題がありません。しかし、"Taro is studies hard."ではSVVになってしまい、5文型に反する誤った構文になります。また、"Taro is good at English."の場合は形の上ではSVCという5文型の形にはなっていますが、「英語が」の部分が"at English"となって後ろにまわされているので選択を強調する「が」のニュアンスが表れていません。

9 5文型をどうふくらませていくか？

以上のように、日本語は「は」と「が」を用いて物事を関係づけながら文を作りますが、英語は行為や出来事の構造にもとづいて文を作ります。そのとき基本となるのが、SVを中心に置く英語の5文型です。

そこで、ここでは、英語の5文型の問題に戻り、この方式にそって英語を学習していくと、どのような課題が待っているか、について述べていくことにします。私が英語の一学習者としてずっと感じてきたのは、5文型はそれだけでは単一の出来事しか表せず、ホテル、買い物、というような、旅行会話によく出てくる、状況がわかりやすい場面での文は

作れても、複雑な背景のある出来事を表す文へと発展させていくのはむずかしい、ということです。

　私たちが経験する出来事には、原因があり、結果があり、様々な条件があります。そのため、5文型のままでは、そこにある状況のすべては表せないのです。そこで、**5文型に続いて、それをどうふくらませていくのか**、について話を進めていく必要があるわけですが、ほとんどの文法書はその後、話が途切れ、様々な文法事項の話が続くので、5文型がどう発展していくのかがわかりにくい構成になっています。

　5文型の範囲内で表されるのは出来事のエッセンスなので、長い文の中では**主要部**と呼ばれる部分を作ります。一方、主要部に情報を補足していく部分は**修飾部**と呼ばれています。ですから、5文型をふくらませ、英語で複雑なことを表そうとすると主要部に修飾部を結合する方法を身につけていかなければなりません。そこで、以下、修飾部を作る方法について確認しておくため、まず、以下の文（「丘の上に大変美しい城を発見した」の意）について検討してみることにします。下に点線を引いたのが修飾部です。

I found a very beautiful castle on the hill.
S V   O

　この場合は、修飾部といっても、城の外観やその位置を表しているだけなので5文型の形自体は変更していません。これから問題にしていこうとするのは、そこに出来事を伴う修飾部を付け加える場合です。

10　出来事に出来事を付け加える句と節の役割

　物事には原因、結果、条件などが絡み合っています。ある出来事は他の出来事を原因として生まれ、他の出来事を結果として生み出します。また、ある出来事が起きる条件は他の出来事がにぎっています。たとえば、ハイキングに行くには雨が降らないという条件が必要です。ですか

ら、複雑な出来事を表すにはこのような出来事の絡み合いを表す方法を身につけておかなければなりません。

　しかし、では、それを英語で表す方法は何か、というと、日本人はすぐにそれを見つけ、用いることができない場合が多いのです。日本語だと表せる出来事と出来事の関係を英語ではうまく表せません。そこで、少し複雑な問題になると、英語でいうのはあきらめてしまうのです。このように、**5文型をふくらませる方法を知らないと、出来事を表すための公式としてそれを実際には使えない**ことになります。しかし、それを知り、使いこなすことができれば、私たちの英語は大きくステップアップすることになります。

　英語には、**出来事に出来事を付け加えるための2つの方法**があります。ひとつの方法は**句を用いる方法**で、もうひとつは**節を用いる方法**です。**句を用いる方法は、to不定詞、現在分詞、過去分詞など動詞由来のことばを用いて出来事を付け加えていく方法**です。なお、句とは5文型の核になる「S＋V」のうちSを含まず、動作（V）を表す部分だけを表す語の集まりです。以下に、非常によく使われる、to不定詞を副詞句として用いた文の例を挙げておきます。

I'm glad <u>to see you</u>.　　あなたに会えてうれしい。

　この文は短いですが、それでも、「私はうれしい」という出来事と「あなたに会う」という出来事の2つを結合しています。もうひとつ短い文の例として、過去分詞を形容詞句として使っている"I drive a car <u>made in Germany</u>."（私はドイツ製の車を運転している）を挙げておきます。この文も「車を運転する」という出来事と「ドイツで製造された」という出来事を結合しています。

　次に、**節は、主語と動詞（S＋V）を含む、文の形を成すことばの集まり**で、もとからある文の形は**主節**と呼ばれ、付け加えられる文の形は**従属節**と呼ばれます。主節と従属節を結びつけるには接続詞（when, if, although など）を用いる方法と関係代名詞（which, who, that など）を用いる方法などがあります。ひとつだけ例を挙げておきます。

> <u>All your dreams</u> <u>can come</u> <u>true</u> if <u>you</u> <u>have</u> <u>the courage</u> to pursue them.
>   S   V   C   S   V   O
> 追い求める勇気があれば、すべての夢はかなう。（by Walt Disney）

この文は、外形だけを見ると、**SVCSVO** となり、5 文型にはそのまま当てはまらない形です。しかし、文の前半が 5 文型中の SVC の形をもつ主節となり、"if" 以下が SVO の形をもつ従属節（この場合は副詞節）となり、両者が結合して文を作っています。また、この文の場合は、さらに最後に "to pursue them" と、"the courage" を修飾する形容詞句が付いているので、全体として 3 つの出来事を含む複雑な文となっているのです。このように、英文は、中心となる部分は必ず 5 文型中のひとつですが、そこに出来事を表す句や節が加わっていくので一見、複雑に見えるのです。

以上、この数頁では句、節、形容詞句、副詞句、副詞節、to 不定詞、現在分詞、過去分詞、など、文法用語がたくさん出てきました。しかし、これらの用語はすべて学校英語で学んだ、見覚えのあるものばかりだったはずです。ところが、私の場合もそうでしたが、それらを名前や用法としては覚えていても、**文を作っていくときの実用的な道具としては必ずしも身につけておらず**、会話場面になると、シンプルな 5 文型しか思いつかず、その範囲内での会話にとどまっている場合が多いのです。

ところが、私はこの 3 年間、毎月マリアさんと英語で話をする中で、句や節を使って文をふくらませていく方法を使わないと、会話を深めることができないことを実感してきました。また、このような視点で英語に接してみると、かつては英文法の参考書やテストの中でしか出会うこ

とがないと思っていた用法が、小説や論文の中だけでなく、映画やニュースやインタビューの中でも頻繁に使われている用法であることに気づくようになりました。そこで、5文型に出来事を加えていく方法の全体について本書の4章、5章であらためて述べていくことにします。

　次章では、これまで述べてきたような日本語と英語の違いが、**人間の言語発達という大きな流れの中でなぜ生まれたのか**、について述べていきます。

```
┌─────────────────────────────────┐
│          2章                    │
│   言語は共同注意から生まれ、       │
│      英語で分岐した              │
└─────────────────────────────────┘
```

1 日本語と英語の分かれ道は？

　日本語も英語もことばで世界を表します。そして、表そうとする世界の姿は同じです。それなのになぜ、前章で述べたように違いの大きな言語になったのでしょうか？　これは言語というものを考える上で非常に重要な問題であるにもかかわらず、十分に議論されてこなかったと思います。言語の系統図などを見ると、日本語と英語はもともと違う系統から生まれたものとして位置づけられ、それ以上の追求はなされていないようです。

　しかし、早くからこの問題の核心となる事柄について指摘した人物がいます。それは、日本で認知言語学という分野を創設した池上嘉彦で、彼はある著書の中で次のように述べています（池上 1981、p. 291、太字は熊谷による）。

> 　英語は……**ある方向にもっとも極端な発達**を示した言語と言える。……英語との対比で言えば、日本語の方は**人間言語の「原型」的な特徴**をまだ多くとどめているように思える。

　ここで述べられている「ある方向」とはどのような方向なのでしょうか？　また、人間言語の「原型」とはどのようなものでしょうか？　それがはっきりしてくれば、日本語と英語の正体がもっとはっきりしてくるはずです。

　池上の指摘は、両言語の分岐について、かなり深い洞察をおこなっているように思われます。しかし、**ある方向への極端な発達**とは何か、ま

31

た、**人間言語の原型**とは何か、について引用書の中で具体的な説明はなされていません。これは著書の最後の部分に書かれたもので、問題提起ともいえる文章です。そこで、本書では、この問題提起を出発点として、この2つの問いへの答えを探っていきたいと思います。

　英語は歴史的に見ると非常に大きな変化を遂げた言語です。英語も古い時代には、日本語と同じようにSOVの語順の時期があったこと、主語の省略もあったこと、また、日本語の「てにをは」に当たる格変化を示す音が含まれている時期があったことなどが明らかになっています（堀田 2011など）。では、なぜ、英語は現在のような形になる必要があったのでしょうか？

　本書は、これについて歴史的な時間をたどりながら詳しく考察することを目的にするものではありません（ただし、本書の6章で、それについてもう少し詳しく説明します）。しかし、この問題については別の角度から考えていくことができるのではないかと思います。それは、私が長いあいだ専門としてきた**発達心理学にもとづく考察**です。日本語と英語は違う系統から発生した言語であるにしても、言語である以上、世界をよりよく表し、文法構造を高めていこうとして発達してきた言語であることに違いはないはずです。また、その過程は、世界についての認識を高め、表せる領域を広げていく、子どもの言語発達とも共通したところがあるはずです。

　幼い子どもはことばを発達させるにつれて、話の内容を**狭い範囲から広い範囲へ**と拡大していきます。子どもが表す世界は、最初は自分と相手が直接係わる世界の範囲ですが、次第に、時間・空間的な範囲を広げ、また、彼、彼女、彼らなど、**第三者が作る世界にも広がって**いきます。また、これと同時に、子どもが用いることばの構造も複雑になっていきます。日本語と英語も、これと同じように、表す世界を拡大していくために文法構造を高度にしていったと考えられます。つまり、言語発達の基本的な方向は同じですが、その過程で両言語を分岐させる何かが起きたと考えられます。

2　共同注意の発生

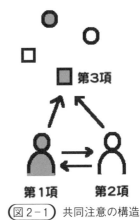

図2-1　共同注意の構造

　ことばは世界を表すといっても、いきなり、そのすべてを表すことはできません。**話し手と聞き手は世界の一部を切り取り、**それを共有していくのです。それは、カメラがレンズを通して視界の一部を切り取り、その映像を残すのと同じです。では、子どもが最初に切り取る世界はどのようなものなのでしょうか?

　コミュニケーションの過程は、まだことばがない赤ちゃんの時代に始まります。赤ちゃんは、身振りや泣き声や視線などを通して大人と意思疎通をはかるようになります。この時期に作られていく赤ちゃんと大人の関係をトレヴァーセンという発達心理学者は**間主観性**(intersubjectivity)ということばで表しました(Trevarthen & Hubley 1978)。

　赤ちゃんと大人のやりとりは最初は直接的なものですが、次第にものを介して行われるようになります。すると、そこでは、二人が同じものに注目し、係わることが必要になります。その中で成立してくるのが**共同注意**(joint attention:ブルーナー 1988, トマセロ 2006など)というものです。

　私たちの回りには多くのものが存在します。人々が、その中で、それぞれ別々のものに注目し、活動していたのではコミュニケーションは成り立ちません。その中で、**同一のものに注目し、それをもとにやりとりする**ことによってコミュニケーションは始まります。そのときの状態を表したのが**図2-1**です。

　共同注意は通常、**本人と大人と注意の対象**という、三者の関係として始まります。このように共同注意は三項によって成り立つので**三項関係**(やまだ 1987など)とも呼ばれ、本人を第1項、相手を第2項、対象を第3項とします(**図2-1**参照)。赤ちゃんは、まだことばがないので、「ア、

アッ！」というような発声や視線や身振りなどで対象に働きかけ、大人がそれに気づき、支援をします。また大人の方も、注目してほしいものを赤ちゃんに見せたり、渡したり、目の前に置くなどの働きかけをするようになります。こうした、共同注意の発達の中で、やがて、よく使われるようになるのが指さしであり、そこにさらに「マンマ」とか「ワンワン」というような音声が加わると、ことばによるコミュニケーションが始まるのです。ですから、初めてことばが使われるようになったときも基本は図2-1と同じで、三項関係にもとづいています。

3 共同注意の領域設定をする「は」と対象選択をする「が」

　ところで、共同注意または三項関係と呼ばれるものの基本的な設定は、大人と子どもの前にひとつの対象だけがある状態です。しかし、実際には、私たちの回りには多くのものがあります。その中で二人が共有する対象を絞り込むために、指さしや物の名称や「これ」「それ」「あれ」というようなことばが生まれたと考えられます。しかし、共同注意の場面がもっと複雑になり、回りの世界が拡大し、非常に多くのものが含まれるようになると**対象選択までに段階を踏むことが必要**になります。

　このとき使われるようになるのが「ここ、こっち」(here) や「あそこ、あっち」(there) など指示詞を使ったことばや「～に、～で」(in ～, at ～)、「～へ」(to ～) のような、日本語では助詞を、英語では前置詞を使った、**領域設定**をしたり**視点誘導**をしたりすることばです。たとえば、「ここ<u>は</u>」「うち<u>では</u>」「<u>あっちには</u>いかないで！」というような表現として現れます。

　ただし、このようなときに、日本語で非常によく使われるのが**序章**や**1章**で述べた、格助詞の「は」と「が」を組み合わせた領域と対象の指定法（図2-2参照）です。つまり、「は」で領域を設定し、「が」で領域内での選択を示す方法です。本書でたびたび「は」と「が」を取り上げるのは、これが日本語ではコミュニケーションや思考をするときの入り口になっているからです。それは、たとえば次のような場面として表れ

ます。

　テーブルの上にたくさんのクッキーが置かれているとします。このときに現れそうな会話を日本語と英語にしてみると以下のようになります。

> A：「クッキー<u>は</u>どれ<u>が</u>好き？」
> B：「これ<u>が</u>好き。あれ<u>は</u>嫌い」
> A："What do you like in these cookies?"
> B："I like this. But, I don't like that."

　英語にすると、「は」と「が」を含んだ文のニュアンスをすっきり表すことがむずかしいことがわかります。英語では「は」によって領域をくくることができないので、日本語で「クッキー<u>は</u>」だけですむところを "in these cookies" と語を長くつなげなければなりません。

　また、「は」には**個々の対象を強く囲い込む働き**があります。このことは「あれ<u>は</u>嫌い」という B の答えに表れています。B は「あれ」ひとつをくくって、それについて<u>は</u>嫌いといっているわけで、選んだもの以外については特に好きとも嫌いともいっていません。しかし、英語の "I don't like that." では、このような限定性を表せないので "that" 以外にも嫌いなものが出てくる可能性があります。

　このように、日本語に「は」と「が」があるということは、**英語と比べて共同注意の対象選択までの過程がデリケートであることを意味します**。なお、「は」と「が」を使い分ける、このような言語の機能をもつのは日本語だけではありません。1 章で引用した「象<u>は</u>鼻<u>が</u>長い」のように、どちらも主

図 2-2 　共同注意の発達：領域を作って対象を選択する

語のように見える「は」と「が」を組み合わせて作られる文は**二重主語文**と呼ばれます。そこで、世界の言語の中で、この二重主語文があるか、ないか、という観点で調べてみると（東京外国語大学語学研究所編 1998）、韓国語、タイ語、ペルシア語にはそれに相当するものがあるようです。世界には少数民族が使うものも含めると非常に多くの言語が存在するので、それらも含めてさらに調べてみれば、同様の特性をもつ言語はもっと多く発見されるはずです。人類の言語は様々な方向に発達してきたと考えられますが、その方向のひとつが二重主語文をもつグループで、日本語もそこに含まれているということになります。

4 ことばから思考へ

ところで、子どもの言語発達の中に見られる大きな変化としてもうひとつ付け加えておかなければならないことは、子どもは次第に一人だけでもことばを使い、ものを考えることができるようになるということです。

言語の起源は共同注意で、子どもは大人の助けなしでは言語を獲得することができません。そこで、この章で提示するすべての言語発達の図では対象を共有する二人の人物を描いていますが、この状態でないと言語活動が成り立たないわけではありません。**子どもは次第に大人の助けなしでことばを発し、また、思考することができるようになります。**それは子どもが2〜3歳頃から発するようになる、たとえば、以下のような発話の中に表れています。

「あっ、ない！　どこにいったの？……あっ、あった！」

この発話は、同一人物によるものなのに、会話のスタイルをとっています。つまり、子どもは「ひとりごと」という形で仮想の話し相手を作っているのです。

旧ソビエトの発達心理学者、ヴィゴツキーは、これを内言（inner

speech）と呼び、思考の起源であると考えました（ヴィゴツキー 2001,
原著は1934）。彼は、このように「ひとりごと」として表れたものが内
化し、音声を伴わないものとなったのが思考であると述べています。思
考は一人でおこなう行為ですが、それは人と人と対象という、三項関係
にもとづいておこなわれる会話が内化したものであり、その発展型であ
ると見なすことができるのです。

5 共同注意の対象に第三者が入ってくるとき

　以上のように、共同注意から始まり、次第にその活用領域を広げてい
く言語の発達は、次にもうひとつの大きな課題にぶつかることになりま
す。それは、言語活動の対象の中に話し手と聞き手の世界に直接係わら
ない、**第三者が入ってくる**という問題です。話し手と聞き手は会話する
中で、相手に思いが通じたかどうか、お互いがイメージしている世界が
同じかどうか、などを確かめていくことができます。しかし、第三者は
直接交渉できない人物なので、心をもった存在として話の中心に据える
ことはむずかしいはずです。にもかかわらず、私たちの会話や思考の内
容は、成長するに従って、話し手や聞き手が直接係わる世界だけでなく、
第三者が含まれる、広い世界に入っていかなければならなくなります。
そのためには、直接係わりのない、第三者が置かれている状況がわかり、
気持ちがわかるようにならなければなりません。

　発達心理学では、子どもが**いつ他者の心を理解するようになるのか**、
ということが大きな研究テーマになっています。それは、人には心とい
うものがあり、それにもとづいて行動している、ということがわかるこ
とで、「**心の理論**」（theory of mind）と呼ばれています。ただし、「他者」
といっても二人称的な、直接係わっている他者と三人称的な他者がいる
ので、「心の理論」という名のもとで問題になっているのは、三人称的
な人物の心を客観的に理解するようになることだと考えられます（熊谷
2018）。また、「心の理論」については、それができているかどうかを調
べる有名なテストもあり、「サリーとアンの課題」と呼ばれ（Baron-Cohen

1985)、心理学では広く知られるツールになっています。

「サリーとアンの課題」では、**図2-3**のような人形セットを使います。

テストでは、検査者は人形やオモチャを動かしながら子どもに次のように話しかけます。

> ここにサリーとアンがいます。サリーの前にはカゴが、アンの前には箱があります。サリーはビー玉で遊んでいましたが、それをカゴの中に入れて外に出て行きます。そして、サリーがいないあいだにアンはビー玉をカゴから出し、それを箱に移しかえてしまいます。その後、サリーが戻ってきました。さあ、ビー玉で遊ぶためにサリーはどこを探すでしょうか?

このテストを受けた子どもは、サリーの心を読む必要があります。子どもは目の前で起きたことのすべてを見ているので、いま、ビー玉は箱の中にあることを知っています。しかし、サリーはビー玉が移しかえられたところを見ていないので、まだカゴの中に入っていると思い、カゴの方を探すはずです。ところが、そう考えられるようになるには時間がかかるのです。

このテストを実施してみると、**3歳頃までは正答できない場合が多く、4歳を過ぎると正答できる場合が多くなってきます。** このような正答の傾向は多少の違いはありますが、世界中どこの国でやっても結果は基本的に同じです。また、4歳頃というと、子どもが物語を理解し、登場人物に感情移入できるようになり始める時期でもあります。

(図2-3) サリーとアンの課題

6 共同注意の入れ子構造へ

　ここで気づくことは、サリーとアンの課題の状況は、**図2-4**に示したように、**共同注意の入れ子構造**の形を成しているということです。検査者と子どもは話し手と聞き手の関係です。また、二人が注視する舞台の上のサリーとアンもビー玉を注視する関係を作っており、**共同注意の対象となっている世界の中も共同注意の関係を成す**という**入れ子構造**を作っています（熊谷 2020）。

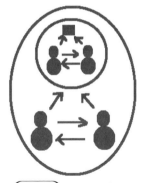

図2-4 共同注意の入れ子構造

　舞台の上の人物の心理を知るには、時間の経過やそれぞれの人物の立場を追うことができなければなりません。人と人が、コミュニケーションの幅を広げるということは、自分と相手が目の前の物事についてやりとりする**初期の共同注意の段階**から、第三者が対象に向かっているときの関係もわかる、**共同注意の入れ子構造の段階**へとステージアップしていくということです。ちなみに、自閉症の場合は、初期の共同注意は可能となっても、次の段階である「心の理論」には到達しにくく、そのため、コミュニケーション発達の遅れが続く、と考えられます（バロン゠コーエン 2002など）。

　ことばが発達してくると、ことばが表す内容は目の前にある物や事の範囲を越え、過去や未来の行動へと発展していきます。さらに、自分たちでなく、第三者がおこなう行動についても話すようになります。それは、ちょうど、子どもが物語という、第三者が作る世界を理解するようになる時期でもあり、通常、4歳前後のことです。

　実際、私たちが話す事柄の多くは、いま現在、目の前で起きていることでなく、以前に起きたことや、これから起きることを予想する内容です。また、そこに登場するのは、「私」や「あなた」のような**一、二人称の人物**だけでなく、彼、彼女、彼ら、あるいは「〜さん」というような**三人称に当たる人物**を含むようになります。

　以上のように見てくると、私たちの言語や思考の中に第三者が入って
くるというのは画期的な出来事ですが、忘れてはならないのは、そのと
き、**話し手自身も自分に対する見方を変えている**ということです。「心
の理論」テストでサリーの立場に立てるということは、サリーの行動を
自分の行動のように追うことができているということです。では、それ
はどのようにして可能になったのでしょうか？

　**共同注意の初期の段階にいる子どもにとって、共同注意を共に進める
自分たちの外にいる人たちは別世界にいる人たちです。**実際、この時期
の子どもたちには人見知りがあり、コミュニケーションができるのは主
に身近な人たちで、外部の人たちを自分たちと同じように、ものを思い、
行動する人々と見なすことはできません。では、どのようにして外部の
人たちである第三者を自分たちと同じように感じ行動する存在であると
認めるようになるかというと、次のような経験が仲介しているのではな
いか、と私は考えています。

　それは、自分や身近な人の過去や未来の行動を振り返ったり予定した
りするときです。たとえば、「きのうは山に行った」「あしたは海に行く」
というとき、山に行ったり海に行ったりする自分はいま話している自分
そのものではありません。それは、**図2-5**に表したような、共同注意
の入れ子の中に入っている自分です。ということは、**自分自身を第三者、**

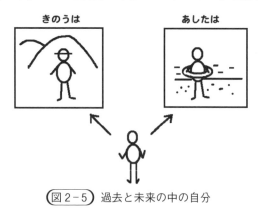

（図2-5）過去と未来の中の自分

つまり三人称的な人物のように客観的にイメージすることができるようになっているということです。この発達の時期になると、共に活動する人もふえてきて、多くの人が同じ活動をしたり、順番に、あるいは交代で活動する場面がふえてきます。すると、**活動の同型性**に気づき、他者の中に自分を見、自分の中に他者を見ることができるようになるのです。

8　一、二人称的な日本語と三人称的な英語

ところで、この段階になると、さらにひとつの大きな問題が現れてきます。それは、**一、二人称的な人物（私とあなた）と三人称的な人物を表すことばの違いの問題**です。私とあなたのあいだだと、同じ行動の流れ（文脈）の中にあり、また、同じ場面（映像）の中にいるので、自分や相手を表すことばは省略可能であり、何をするか、だけをいえばいいことになります。

たとえば、この本の**表紙に描いた絵の中の吹き出し**を例にすると、買い物をしているとき、「日本語脳」は、「これにします。」というだけですませようとします。それは、目の前に商品が並んでおり、買いたいものを示すだけでよい状況になっているからです。「日本語脳」は、このように、一、二人称的な場面をベースにして文を作ることが多いのです。

なお、日本語の場合は、そこに一緒に買い物をしている二人称的人物がいても、「どれにする？」と省略的な聞き方をします。ただし、この場面でも、それが過去の話になると、「僕は青いシャツを買い、彼女は赤いシャツを買った」というように、自分たちのことでも三人称的な表し方にするのです。そして、もちろん、第三者について語るときは客観的な表し方が多くなり、人称による使い分けがおこなわれます。

一方、「英語脳」は、買い物場面でも、表紙の吹き出しにあるように、"I'll take this." と、主語・動詞・目的語がきちんとそろった話し方をします。つまり、自分のことなのに、人がおこなう行為を表すときと同じように客観的な表現にするのです。

つまり、結論的にいうと、**日本語は、一、二人称的な表し方を基本と**

し、第三者や過去や未来の自分（もしくは自分たち）を表すときだけ三人称的な表し方をします。一方、英語はすべての場合について三人称的な表し方をしています。

　ところで、日本語の特徴は上述のように、主語を省略する、というかたちでよく表れてくるので、『日本語に主語はいらない』（金谷 2002）という、**主語不要論**も現れています。しかし、主語が省略されるのは、上述のように、日本語が一、二人称的な関係を基本にして作られているためで、日本語であっても三人称的な人物を表すときには主語を伴った文を作ることが必要になるのです。

9　英語に現れた新たな戦略

　以上、第三者を取り入れたあとの日本語と英語の対応について述べてきました。日本語の方式だと、どの出来事をどう表すか、どの単語を用い、どう並べるかは、**話し手と聞き手の裁量**に任せられることになります。この場合、両者の興味がどこを向いているか、息が合っているか、などによって会話の質が上がったり下がったりします。そこで、会話する者同士の関係性から独立して、**あらゆるケースに適用できる語の組み立て方**をあらかじめ作っておくという方式が考えられます。これを徹底させた文法を作り上げたのが英語であると考えられます。

　英語の場合は、先に述べたように、**話し手自身について表すときにも三人称的な方法をとり、すべての人称について統一的な構文を用いるようになった**、と考えられます。これは、非常に合理的な方法であるということができ、人の区別なく、すべての人や出来事を同じ方式の文の中に収めて表すことを可能にします。これはかなり思い切った戦略です。

　出来事には**共通した構造**があります。つまり、出来事の**発生源**となるもの、その**働き**、**影響を受けるもの**、**時間**、**場所**、などです。その構造を文の形にしたのが前章で述べた、**５文型を中心に置いた文法**であると考えられます。

10 共同注意の発達の中で分かれた日本語と英語

　日本語も英語も、本章の最初で述べたように、言語としての出発点は共同注意です。それが入れ子構造に発達し、その後は？というところで分かれ目が生じた、と考えられます。

　そこで、共同注意の発達を3段階に分け、それらを**図2−6**のように3つ並べた上で日本語と英語の立ち位置を確かめてみたいと思います。日本語の場合は、ある程度、文法規則に従いながらも、その拘束力は弱く、話し手と聞き手の主導のもとで文が作られます。また、入れ子の中の出来事を外から表しながらも、心理的にはそこに入り込み、あたかもそこに自分がいるかのような表し方をします。そのため、**日本語で文を作るときの立場は図中の段階ⅰとⅱを行き来するところにある**と考えられます。

　一方、英語の場合は、**ⅱからⅲへと足場を移したところに文を作るときの立場がある**と考えられます。段階ⅲとは、出来事の構造をあらかじめ設定し、そこに表したい、すべての出来事を当てはめていく段階です。つまり、この段階では、人々はあらかじめ作られた、**強制力の強い文法規則**にもとづいて物事を表さなければならず、そうしないと伝えたいことが相手に伝わらないのです。前章で述べたように、英語が**公式代入的で数学的**に見えるのはこのためです。

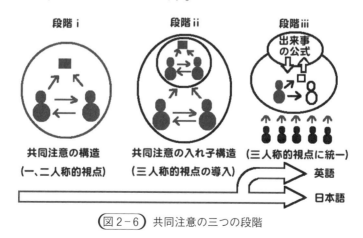

（**図2−6**）　共同注意の三つの段階

このような、iiからiiiへの段階移行は、西洋言語全般に多少とも表れていると思います（これについては、4章、6章で少し触れます）。しかし、**英語において決定的な移行がおこなわれた**と考えられます。

　以上のように見てくると、共同注意の第iii段階は話し手と聞き手の視点から独立した論理をもっているわけですから**脱共同注意の段階である**ということもできます。また、それはiiからiiiへの発展型なので、そこに依拠する英語は日本語よりも進化した言語であるようにも見えます。しかし、進化するということは**原点から離れ、初期の共同注意の形を失う可能性**も含んでいます。それは、個人の視点から独立した**客観的な基準で文を作る方法**ではありますが、同時に、どの状況にも当てはまる一般的な形式になっているので個別の状況を表しにくいものになっているともいえます。

　ここで、この章の冒頭で引用した、英語は「**ある方向にもっとも極端な発達を示した言語**」であり、日本語は「**人間言語の『原型』的な特徴を多くとどめている**」という池上（1981）の提言から生まれた問いに戻って考えてみます。英語が極端に発達させた「ある方向」とは何か、というと、その答えはいま述べてきた、**あらかじめ作られた文法規則への出来事の適用**であると考えられます。また、日本語がとどめる「人間言語の『原型』的な特徴」とは何か、というと、その答えもこれまで述べてきた、**共同注意の関係性を中心に物事を表す特性**であると考えられます。つまり、ここに**日英言語の根本的な分かれ目**があると考えられるのです。

11　言語の構造は世界の構造を反映している

　日本語話者が見ている世界も英語話者が見ている世界も基本的には同じです。その同じ世界の構造を言語の形にして表す方法として取り上げたのが日本語と英語の文法です。そのため、もともと表そうとする世界は同じなので、日本語を英語に、英語を日本語に翻訳することができるのです。その全体的な関係を表すと**図2−7**のようになると思います。

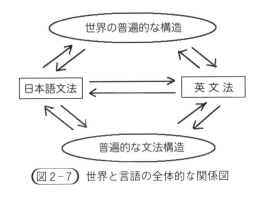

（図2-7） 世界と言語の全体的な関係図

　言語は世界のあり方を反映しています。世界に出来事があり、時間や空間があるように、言語にも**世界の構造に対応した言語の構造**があります。ですから、それを究極的な形に突き詰めていくと、チョムスキーという有名な言語学者がいうような**普遍文法**に相当するものにたどり着くと思います（チョムスキー 2017など）。ただし、チョムスキーは、人は生得的に普遍文法をもっている、と考えており、この点では私はその理論に賛成できません。**人間が作った文法に普遍性があるのは私たちが向かう自然や出来事に普遍的な構造があるからです**。つまり、日本語も英語も、図2-7に示したように、**世界の普遍的な構造に照らし合わせて文法を作っている**ので、表面的な違いがあっても共通した構造があり、**相互に翻訳可能**になります。また、日本語と英語だけでなくすべての言語は同じしくみで文法を作っているので、その共通点を抽出すると**普遍的な文法構造**に行き着くのです。

＊共有する世界がことばの習得を助ける

　この章で述べてきたように、ことばは**共同注意**から発生します。子どもは大人と回りの世界を共有する中でことばのしくみを学んでいきます。そして、今回、テーマにしている、世界に向き合う日本語と英語の構造（図2-7）も、比べてみると、共同注意の構造（図2-1）と同じように**三項関係**の形を成していることに気づきます。人と人が共同注意の対象

に目を向ける中でお互いの意図を理解するのと同じように、日本語話者と英語話者も、**共同注意の対象としての世界**に目を向け、それと照らし合わせる中で、お互いのことばのしくみを理解するようになります。**どの出来事にも、それが起きる時や場があり、それを起こすものや影響を及ぼす他の出来事があるので、どの言語も、それらを表すことばを含んでいるはずです。**そのため異国の言語を学ぶには異国の人と**共有する世界**をもっていることが必要です。

　日本人も、日本国内で英語を学ぶのでなく、英語圏で生活するようになると、英語ネイティブと同じ世界を共有しているため英語能力が格段に高まります。最近では、テレビやネットを通して、海外で活躍する日本人のスポーツ選手が流暢な英語でインタビューに対応しているのをよく見かけます。それが可能になったのは、彼らが日常的に他の選手やスタッフと英語でプレイの中身を共有し、コミュニケーションをしているためと考えられます。

　ちなみに私の場合も、海外での活動ではありませんが、英語ネイティブのマリアさんと毎回、国内外の出来事を話題にしています。どの出来事にも始めや、途中経過や、終わりや、周りへの影響があります。たとえば、現在、蔓延している新型コロナについては、感染者(infected persons)の増減（increase and decrease）やワクチン接種（vaccination）の問題などについて、マリアさんとのあいだで繰り返し話題とし、それらに対応する英語表現を学んでいます。

　ことばの習得のためには、同じ人（または、人たち）と同じ話題を継続的に話すことが大切です。**出来事の共有度が高まると、それを表すことばの共有度も高まる**はずだからです。

3章

英語にはなぜ主語が
不可欠なのか？

1 英語はなぜ常に主語を必要とするのか？

　前章では、社会が発展してくると、話し手と聞き手のあいだの一、二人称的な視点と比べて、人々を外側から客観的に捉えようとする、三人称的な視点を用いる場合がふえてくることについて述べました。そして、この流れの中で、文法構造自体を三人称的に統一した形にしたのが英語であることを述べました。

　英語には、5文型に表れているように必ず主語（S）が入ります。では、なぜ、物事を三人称的に、客観的に表そうとすると主語が必要になってくるのでしょうか？　この章では、まず、このことを確認しておきます。

2 個体識別が進む現代社会

　私たちは、いま、現代社会が生んだ様々な道具の中で暮らしています。そして、時に、自らその道具の中に入って操縦することがあります。その代表例が自家用車を運転するときです。

　たとえば、夫が妻を助手席に乗せ、妻の案内のもとでレストランに向かうとします。すると、車内から見た状況は図3-1のようになり、そこで交わされる会話は次のようになるでしょう。

　夫：まだ着かないの？
　妻：あ、ローソンが見えたから、もうすぐよ。

　二人が見ているのは、フロントガラスの向こうにある前方の景色です。

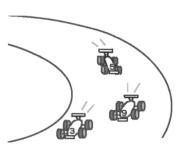

図3-1 運転席での会話場面　　図3-2 カーレースでの車識別

　また、そこで交わされるのは、上例のような、まさに三項関係(夫・妻・前方の景色)にもとづく、省略の多い、一、二人称的な会話です。

　しかし、車を外側から見ると、見方は一変します。車は、陸運局によって管理されたナンバープレートが付く、1車両と見なされます。また、道路を走る他の車にとっては「今、すれ違ったグリーンのmini」だったり、「今、追い越していったトヨタ車」として見なされます。つまり、車内から見ると、そこは世界の中心ともいえる場所ですが、車外から見ると、それは多くの車の中のひとつ("one of them")として識別される存在にすぎません。

　このように、車には多くの車の中で識別されるという側面もあるわけですが、それは、カーレースの場面では非常に重要な役割を果たします(図3-2参照)。どの車が今、トップで、そこにどの車が迫ってきているか、また、目当ての車は何番で、今、どの順位で走っているか、などは観客にとって非常に重要な情報です。

　同様の状況は、カーレースが始まるずっと前から、競馬という形で続いてきました。そこでは、車でなく、馬や騎手が識別され、多くの観客が競馬場に集まり、レースの結果に一喜一憂します。このような状況は競技スポーツ全般で作られているものです。サッカーでは、どの選手がどう動いて、何点、ゴールしたか、バスケットボールでは、どの選手が何回シュートし、何回、ブロックしたか、などが注目されます。

個々の対象を識別し、その動きや特性を捉えていく方法は「個体識別」といい、西洋で、家畜を識別していく中で発展しました。何百頭もいる羊の中のどれが群れからはぐれやすいか、どの牛舎の中のどの牛が乳をよく出すか、などは、畜産業では非常に重要な問題です。そして、このような分野に限らず、政府、軍隊、工場などの組織が次第に大きくなってくる、近代の歴史の中では、個体識別を必要とする状況はどんどんふえてきます。国内のどこで農産物の収穫がよく、中でも誰の畑が優れているか、どの連隊のどの兵士が戦功を立てたか、また、工場内の誰がどう働き、その働きぶりはどのような部署に向いているか、というような、個体識別を必要とする状況がどんどんふえてくるのです。

そして、以上のような状況のもとでは、ことばの世界でも、話の中で取り上げる個体を明確にし、それを主語にして、その動きや特性を明確にする文の形が求められるようになってきます。そして、このような観点を特に重視し、文の構造を確立してきたのが英語であると考えられます。

3 こいつは誰だ？何をする？

英語は、誰が、どのような出来事を起こしたか、について常に注目しています。**出来事を起こす舞台上には多くの人がおり、多くの物があり、その場所を多くの人が見ている**、というような状況が想定されます。すると、そこに含まれる人や物は未知の存在なので、「**こいつは誰だ？何をする？**」「**これは何だ？どう動く？**」という疑問をいつも抱くことになります。**英語の5文型は、この問いに答える働きを基本にしている**、と考えられます。

＊アメリカにおける自己主張の意味

アメリカと日本を行き来する作家、翻訳家、写真家である片岡義男（1999、p. 43）は次のように書いています。

自分とは自分の意見を喋り続ける人だ。特にアメリカでは、喋りっぱなしのなかで生存競争が展開される。内容もなにもないままに喋り続ける人でも、喋らない人よりはずっとましだ。喋らない人は、たいへんに変な人、能力のない人、意見のない人、ずるい人、じつは敵意を抱いている人、などと解釈される。そんな人がいまなぜここにいるのかを問題にされると、その人は居場所を失う。

　日本社会、特に家族の中では、多くの場合、親子関係の中で**何もいわなくても自分の存在が認められ**ています。それを前提にして、多くのことが了解されているので、自分や関連する事柄についてあえて多くを語る必要がないのです。しかし、上で述べられているのはそれと真逆の状況です。英語は、お互いのことを知らない者同士が共存して暮らすことを前提に作られています。移民が集まった国であるアメリカでは、この傾向はさらに強まっているでしょう。すると、そこは、お互いのことを理解しにくく、互いの行動を予想しにくい、危険を伴う状況になります。そのため、人を見れば「こいつは誰だ？」という疑問を抱き、見られる方も、**「私は誰で、何を考え、何をする」**と答えておかなければならないのです。そのため、人々は、会えば互いに声をかけ合い、自己紹介に時間をかけるようになっているのではないか、と思います（日本でもアメリカにならい、このような場面は徐々にふえているようです）。

4　なぜ日本語は SOV で英語は SVO なのか？

　ところで、文法的に見ると、日本語と英語の大きな違いは、前者は SOV の語順で後者は SVO の語順であることです。この違いは非常に重要なものですが、なぜ、この違いが生まれたのか、についてはほとんど説明がなされていないようです。英語はこうなっているので、ともかく、こう覚えましょう、というのが一般の考えのようです。しかし、そこにもはっきりとした理由があると私は考えています。

（図3-3）SOV の発想の狩猟シーン　　（図3-4）SVO の発想の狩猟シーン

　日本語は共同注意に強くもとづく言語です。そのため、話し手は、**注視し、共有したい対象**を話し手に向かって提示します。それが、SOVのうちのO（対象）となり、Oが先にくる文体になると考えられます。一方、英語は、上述したように、大きな視野の中で人々を識別し、**何をするかに注目**するので、それがSVOのうちのV（行為）となり、Vが先にくる文体になると考えられます。

　一例として、猟師たちが狩りに行く場面を考えてみます。

　猟師が狩りに行くとき、日本語的に想定されるのは**図3-3**のような場面です。二人の猟師が銃を持って、山に向かったとします。そして、獲物はないか、と探しているときに鹿を発見したとします。すると、そこに表れるのは「あっ、鹿だ！　あの鹿を撃とう！」というようなことばです。つまり**対象（O）を先に表す話し方**で、文の形はSOVになります。この場合、主語（S）もわかっているので省略され、対象（O）が先頭になる場合が多くなります。

　一方、英語は上述のように、誰が何をするか、を重視する言語です。それにもとづいて想定される場面（図3-4参照）では、多くの人が狩りに参加し、参加者の中の**誰が何をしたか**が注目され、表されます。誰が発砲したか、誰が仕留めたか、というように。そのため、たとえば、"Ben shot a deer."（ベンが 撃った 鹿を）というような、SVO の文が生まれると考えられるのです。

　これまで、世界には多くの言語が現れ、すでに消えたものも消えつつあるものもあります。その中には多くの語順の言語がありますが、多くは SOV の語順と SVO の語順です。角田太作（1992）の130言語についての調査によると、うち57言語（44％）が SOV の語順で51言語（39％）が SVO の語順となっています。SOV の語順になるか SVO の語順になるかは、上述のような、人々の活動のあり方や社会のあり方と関係して決まってくると思われます。そうした変化の中で、**英語は社会変化の影響を強く受けて SVO の語順を選び、日本語は共同注意に根ざした SOV の語順を維持し続けた**といえます。

5　話の順序が逆転する日本語と英語

　上述のように、日本語は話し手と聞き手が共同注意の中にあることを想定して作られた言語です。そのため、話し手は発話文の中で自分を名乗らず、主語を省略することが多くなります。用件を述べるときも、指定しておかなければならない時や所などの情報をまず伝え、行為や行為者については省略的な表現になります。たとえば、「今度のランチは A 中華にしよう」とか「あしたは午後が空いています」というように。後者の文を図式化し、その英訳（"I'll be free tomorrow afternoon."）と対照して表すと**図3-5**のようになります。

　この図には日本語と英語の 2 つの違いが集約的に表れています。第 1 は、**出来事を表していく順序が逆になる**ということです。日本語は、先に時や場など条件を表していき、自分（または自分たち）に関する部分はあとになります。一方、英語はまず自分（または

（図3-5）文生成の方向の違い

自分たち）の行為を表し、時や場などの条件はあとで表します。また、第2に、図を見てわかるように、日本語では、1章で述べたような、「は」で枠を作り、「が」で選択する、日本語の思考法が現れています。

6　自分を名乗らないことの安心感・不安感

　日本語で図3-5の左図のような表し方になるのは、話し手と聞き手のあいだに少ないことばでも通じ合う関係があるからです。ですから、日本人にとっては、**省略的なことばは親しい間柄であることの証し**であり、安心できることばの響きをもつものです。逆に省略のないきちんとした話し方は堅苦しさや冷たい印象を与えることさえあります。

　そこで、私は、日本語の特徴をよく表しているものとして、上述の「あしたは午後が空いています」という文をマリアさんに見てもらいました。すると、彼女が注目したのは、やはり、**日本語文に主語がない**ということでした。このような文を見てまず生じるのは「**誰なの？**」という疑問らしいのです。主語がないと、それを補うために**余分なイマジネーション**が浮かんできて、あまりいい気分ではないらしいのです。

　日本人が初対面の人と話したり、多くの人を前に話すことが苦手なのは、日本が島国であることや江戸時代に250年以上のあいだ鎖国が続いたことが関係しているかもしれません。しかし、それだけでなく、**言語そのものが行動の文脈を共有する二人、または数人で語ることを基本に作られているため、それ以外の人々の中に入っていくことが苦手である**ということも関係していると考えられます。しかし、現代のようなグローバル化の時代には英語の発想は有利であり、日本人もまた、その発想をある程度、取り入れていく必要があると思います。

7　主語がないことで表せる普遍的な感情

　ところで、いま述べたのは、日本語では主語が省略されることで生まれる負の側面についてでした。しかし、主語がないことによって正の側面が生まれる場合もあり、日本語はそれを活用する方向に発展したとも

いえるのです。

　英語が常に主語を明示するということは主語を限定しているわけで、それだけ意味の範囲を狭めているともいえます。これに対して、日本語は主語を限定しないことで、ことばの適用範囲を広げているともいえます。たとえば、誰かが「たまには、どこか遠くへ行きたいね」と、つぶやいたとします。すると、それは話し手自身の気持ちでもあり、皆の気持ちを代弁するものでもあります。**誰の気持ちかを特定しないことによって普遍的な感情を呼び覚ましている**といえるのです。

＊俳句が共感を呼ぶのは？

　日本語には、多くを語りすぎず、聞き手に自由にことばの具体的な意味を読みとらせる、というしくみがあるようです。**ことばを節約することによって感情の適用範囲を広げている**といえます。このような表現形式の最たるものが、日本語が生みだした伝統的な文学形式である**俳句**であるといえるでしょう。

　俳句は、五、七、五と、わずか十七音で作られる詩の形式であるため、多くの場合、主語が入り込む余地がありません。しかし、だからこそ、多くの読者の共感を呼ぶ形式になっているといえます。

　日本の俳句文化は実に多くの名句を生み出しています。ここでは、二例だけ挙げておくことにします。

　柿くへば　鐘が鳴るなり　法隆寺（正岡子規）
　小鳥来て　午後の紅茶の　ほしきころ（富安風生）

　これらの句では、誰が柿を食べたのか、誰が紅茶をほしく思うのか、は明記されていません。たぶん、それは句を詠んだ当人だろう、とは想像できます。しかし、それをいってしまえば、これらの句はつまらないものになってしまうでしょう。いわないことによって、句を読む多くの人々の共感を呼び覚ますのです。

日本語は、話し手と聞き手という二人のあいだの、ある意味では狭い範囲でのコミュニケーションを基礎としています。しかし、以上述べたように、**主語をぼかす**ことによって二人のあいだだけでなく多くの人々を巻き込むコミュニケーションのスタイルを作っていったといえます。

8　英語は出来事の発生源を明らかにしようとしている

　しかし、これに対して英語がとったのは、主語をぼかすのでなく、主語を明確にして、その動きを観察する戦略でした。英語は、先に述べたように、「それは誰で、何をするか？」について確かめていこうとします。これはちょうど、5文型の中核である、S（主語）とV（動詞）に相当します。英語では、主語が何らかの働きを生み出すものであることにこだわります。このことを特に強く表しているのが次のような "make" を用いた構文です。

　What <u>made</u> you think so?　　どうしてそう思ったの？

　英文を直訳すると、「何があなたをそう考えるように作ったのか？」となり、日本語の発想では不自然な文になります。それは、そう考えるように仕向けた直接の原因を尋ねているためで、日本語にすると、右側の和訳のように本人の気持ちをもっと漠然と聞くことになります。

　英語には、このように、出来事を起こした直接の原因、つまり、**発生源**を明らかにし、それを中心に置いて文を構成しようとする傾向があるようです。また、それは、**原因→結果の過程**を明らかにしていこうとする、西洋の科学的精神とも結びついていると思います。

　ただし、"make" を使った、上記の英文に表れているような発想は、日本にも徐々に入ってきています。私の記憶に、かなり以前から入り込んでいる、ある日本映画の題名があります。それは、1927年に戯曲が書かれ、1930年に上映されて大ヒットした次のようなものです。

『何が彼女をそうさせたか』

　この題名は、英訳すると "What made her do it ?" となり、上記の英文と全く同じ構文です（なお、今回、調べたところ、この映画は英訳付きで YouTube 動画になっています）。この題名が私の記憶に長く残り、また、この映画が当時の人々の心を強く動かしたのは、映画の内容だけでなく、その題名が、ヒロインの人生を翻弄した本当の原因を、西洋的な論理を借用しつつ明らかにしようとしているためではないか、と思います。

9　空欄を穴埋めしていく様式

　この章の最初で述べたように、日本語と英語の違いには、それぞれの言語を話す人々の人間関係の違いが影響しています。英語圏では広い範囲での人々の交流が早くから進み、一方、日本人の交流は一般に狭い範囲にとどまっていました。しかし、その違いは徐々に縮まってきています。日本社会もいまでは都市化が進み、見知らぬ人々が出会い、新しい物事に出会う機会がふえてきています。日本人は**旧来の共同体（村など）の中では、あらかじめ自分の居場所が決められており**、場合によっては、将来の仕事や結婚相手まで決められるような環境のもとにありました。しかし、現代では、学校、仕事、結婚相手などを外に求めて出ていかなければならなくなっています。

　そんな中、ホテルや病院に行けば、フロントや窓口で名前、住所、職業などを書かされ、就職活動などでは、エントリーシートに自分の活動の履歴や抱負まで書かされます。つまり、迎える側は見知らぬ来訪者に対して多くの空欄がある用紙を提示し、来訪者である私たちは与えられた空欄を埋めていくことになります。つまり、先の「こいつは誰だ？何をする？」という問いに「私は誰で、何をする」と答えていかないと先に進めなくなっているのです。

　一人一人の人、ひとつひとつの物事には無限に多くのことが関係して

います。しかし、それらを思いつくまま述べられたのでは整理をしにくく、また必要事項が漏れてしまう恐れがあります。ですから、エントリーシートのたぐいの多くの書類は、まずそれらを記入させ、その上で必要なら補足事項を記入させるという方式をとっています。このような様式は、形式的で、いちいち埋めていくのは面倒くさく、たとえば私の場合、あまり好きな作業ではありません。しかし、やることが決まっているので慣れればわかりやすく、最近の若者の場合はあまり抵抗なく入っていける世界なのかもしれません。

SV、SVC、SVO……で構成される、**英語の5文型の形は、いま述べたエントリーシートに似た様式をもっている**と考えられます。そこでは、SやVやCやOとして用意されたカッコの中にことばを埋めていけば基本的な文の形が作れるのです。それは、日本よりも近代化が早く進んだ英国だからこそ生まれた言語の形式である、と見なすことができるかもしれません。

10　人も物も事も同等に5文型の中に

ところで、いま述べたのは、カッコの中に人に関する情報が入る場合です。しかし、世界は人だけでなく、物や事が作り出す出来事によって成り立っています。ですから、世界全体を表すには人以外を主語にする構文も作らなければなりません。そこで英語によく現れるのが、"This book sells very well."（この本はとてもよく売れる）のような**非人称文**です。非人称文の主語は、一目では捉えにくい大きな出来事にまで適用されます。たとえば、次のように。

　The economic situation in the modern world has created many unemployed people.
　現代世界の経済状況は多くの失業者を生み出した。

実は、いまでは、下の日本語訳も違和感なく日本人に受け入れられる

ものになっているのではないでしょうか？　このような日本語文は昔の日本語にはなかったものです。しかし、日本語の表現法も英語の影響を受けて、いまや変わりつつあるのです。

11　英語で"nothing", "no idea"などがよく使われる理由

　ところで、これまで述べてきたように、英語はS、V、Oとして用意されたカッコの中に何かを入れて文を作るように求めてくるわけですが、カッコの中に入れるものが見つからなかったらどうすればいいのでしょうか？　実は、英語はその場合に備えたことばも用意しています。その例が、以下の"nothing"、"no idea"のような"no"を用いた文の作り方です。

> She knows <u>nothing</u> about that.
> 彼女はそれについて何も知らない。
> I have <u>no idea</u> why this accident happened.
> なぜ、このような事故が起きたのかわからない。

　このような文の作り方は慣れれば何とも感じなくなるものですが、直訳すれば、「ないものを知る」「ない考えをもつ」ということであり、私も最初に出会ったときには違和感を覚えました。しかし、この種の文は、SVOの文型にとっては当然の結果で、Oのカッコには何も入っていないから、そこに"no"を入れているのです。
　「ない」ということは見えないことなので表しにくいものです。しかし、そこにお皿などの容器があると、入っている状態と入ってない状態が区別されます。**英語は、すべてが満たされている場合もどこかが欠けている場合も含めて物事を表すことができる公式を作っている**といえます。

12　英語で頻繁に "it" が使われる理由

　英語は以上述べたように物事をどんな場合にも通用する普遍的な形で表そうとします。しかし、実際には、主語や目的語を説明するために多くのことばが必要となり、**5文型の中に収まりきれない**ことがよくあります。そこで導入されたのが仮主語の "it" です。"it" は以下のように、ことばにすると長くなる事柄を短くまとめて後ろに回してくれます。

> It's very difficult for us to complete this project without the help of many experts.
>
> 　多くの専門家の助けなしにこのプロジェクトを完成させることは、私たちにとって非常にむずかしいことです。

　このように "it" を用いると、文頭で SVC を完結させ、詳細はすべて後ろに回すことができます。日本語訳を見てわかるように、この方法を採らないと**頭でっかちの文**になります。ですから、"it" は英語にとって非常に便利な道具になっています。

　ただし、"it" には、他にも文を簡潔にするための多くの使い道があります。それは、天候、時間、距離、状況など、**漠然とした物事を一語で表す働き**です。たとえば、次のように。

> It's nice today.　　今日は、天気がいい。
> It's noisy in here.　ここはうるさい。

　"it" は "this"（これ、この）や "that"（あれ、あの）と同じように指示代名詞と同等に見られ、「それ」とだけ訳されることが多いですが、文法的には人称代名詞に位置づけられ、**汎用性のある語**になっています。このような語を使うと、5文型優先の原理を守ることができるのです。

13 one, some one, something の便利さ

英語は、多くの物事に適用できる、**ユニバーサル・デザイン**にもとづく単語を数多く用意しているように見えます。上述の"it"も、対象を選ばず使えるユニバーサル（普遍的）な単語です。そして、英語には他にも似たような単語が存在します。"one"がその例です。"one"は、人にも物にも使え、文を簡潔にする働きをします。

Do you have a blue **one**?
青い<u>の</u>はありますか？（服を選ぶときなどに使う）
He is the last <u>one</u> who entered the room last night.
彼は、昨夜、この部屋に最後に入った人物だ。（事件捜査の場面など）

上の2例は"one"を用いて作られた文です。第一例の訳にあるように、日本語にも「の」のように、いろんなものを一音で表せる便利な語があります。しかし、人については使えず、英語の方がより汎用性のある表し方になっています。

また、英語には"one"以外にも汎用性のあることばがあります。それが**"something"**や**"anything"**で、次のような文として現れます。

I have <u>something</u> to say to you.　あなたにいいたい<u>こと</u>があります。
Tell me <u>anything</u> you need.　　　必要な<u>こと</u>は何でもいってください。

"something"の内容は何かに特定されますが、"anything"の内容は特定されず、上記の場合、相手にまかせている、という違いがあります。

14 英語で主語が省略される場合

以上、本章では英語に主語が不可欠であることを述べてきましたが、ただし、英語にもこの原則から外れた文の作り方が残っています。その代表が**命令文**で、その他、**疑問文への答え**にもよく表れます。これらは

頻繁に使われる文の形ですが、以下、文例を挙げておきます。

① Call me at 3 pm.　　　午後3時に私に電話をください。
② Where are you from?　ご出身はどちらですか？
③ From England.　　　　英国です。

　①が命令文、③が疑問文への答えで、両方とも主語に当たることばがありません。これは英語の原則に反するといえますが、英語にも日本語と共通するものが残っています。2章で述べたように、言語は共同注意にもとづく一、二人称的な視点の言語として発生し、その後、入れ子構造を経て、英語では三人称的な視点に統一化された言語になったと考えられます。ところが、**命令文の場合は、そこに命令する者とされる者が向き合う、一、二人称的な関係性が作られます**。そのため、相手を明示する必要がなくなるのです。ただし、相手が遠くにいたり、そこに多くの人がいる場合は、命令文を発する前に、命令の相手を特定するため、"Tom!"というような呼びかけをすることはあります。

　また、疑問への答えの場合も、質問者と回答者が向き合っている場合、その回答は③のように、既知の部分は省略した表現になります。

　このように、英語の場合も、一、二人称的な関係性が作られている場合は省略的な表現になります。このようなケースは他にもあり、相手に共感を示す場合には、"Me too!"（私もです）と、内容を省略する表現を用います。

15　英語世界では "we", "you", "they" が使われやすい

　ところで、私はいま、先に述べたように、マリアさんという英語ネイティブの方と、毎月2回、英語で会話しています。そこでは、日本語と英語、日本人と英語圏の人々との違いがよく話題になります。そのとき、私は「日本語では……」とか「日本人の場合は……」というようなことばを過度に繰り返して使う傾向がありました。ところが、そんなとき、

たとえば "We don't think so." とか "We can not say so." のように、"we" を使って表すと、すっきり表せるようになりました。また、マリアさんや英語ネイティブの人たちをまとめて表すときには "you"、海外に在住する人々に言及するときには "they" を使うと英文をコンパクトにまとめやすいことに気づきました。

　日本語は場所によって人々を表すことが多いようです。そのため、「こちらはやっと発表の準備ができました。そちらはどうですか？」とか、「あの人たちはまだのようです」というような表現が多くなります。しかし、英語では人々の境目を "we", "you", "they" で区切ることが多いようです。

　このような英語による物事の表し方は SV から始まる英語の構文法に深く関係していると思います。つまり、行為者とその行為から始めて出来事を表すのが 5 文型の基本であり、この考え方が主語として "we" や "you" や "they" を選ばせていると考えられます。一方、日本語はまず場を設定し、そこに人を置く考え方が基本となるようです。

　以上のような物事の捉え方の違いから、たとえば電話による会話の場合も、日英で文のスタイルに以下のような違いが現れてきます（さとう 2013、p. 79, 97 より）。

> 当社は、UK データバンクと提携しています。
> We are affiliated with UK Databank.
> 打ち合わせを30分ほど遅らせていただけますか？
> Could we push the meeting back half an hour?

　2例目の "we" は、英語による打ち合わせでは非常によく使われているようです。マリアさんがメールしてくるレッスン日などの提案でも以下のような文がよく使われています。

> "Hi!　Tomorrow, can we start at 12 : 30 pm?"

＊歴史的場面でも活躍した"you"と"they"の表現

　人々を"we","you","they"で大きく区切る方法は、日米間の歴史的な舞台でも用いられました。それは第二次世界大戦終了直後の1946年、日本国憲法が作られていく過程での出来事です（須藤 2010）。

　言語も文化も違う両国のあいだでの交渉には通じ合わない部分がたくさんありました。そこにメンバーとして加わったのが、大戦前、英国で留学生活を送り、英語が堪能な白洲次郎でした。彼は「あなた方の道を航空路にたとえるなら、彼らがとるのは、でこぼこ道を越えていくジープウェイだと申せましょう」と、米国側のやり方を"your way"とし、日本側のやり方を"their way"として、細かな調整が必要であることを示したのでした。

　ここで彼が、日本側のやり方を"our way"とせず、"their way"と表したのは興味深い事実です。白洲次郎も日本側の一員で日本人ではありますが、"their"と、**距離をとった表し方**をすることによって、米国側が客観的に日本人を見つめやすい状況を作ったのです。これは、英国で青春時代を過ごし、英語的な視点を備えていた彼だからこそもてた発想だったのではないか、と思います。

4章
語順文法の英語 vs.
格文法の日本語

1 非英語話者にとっての英語のむずかしさ

　英語は話し手に5文型という便利な道具を提供することで、物事を表しやすい条件を作っています。そして、このことは、前章で述べたように多くの点で成功しているといえます。しかし、そこには問題も生まれてきます。

　これまでの章では、英語が日本語とは異なる文法戦略をとり、そのために、日本人にとっては学習しにくいものであることを述べました。では、英語と日本語のあいだにある違いは、たまたま、この2つの言語のあいだに限って生まれた違いなのでしょうか？　実は、そうではありません。英語には、日本語との違いほどではなくても、他の言語とのあいだにも予想以上の違いがあります。そして、英語圏に隣接する、ヨーロッパ諸国の言語の中にも日本語に近い特性をもつ言語が複数あるのです。

　以上のことを踏まえて、あらためて英語という言語を見つめてみると、そこには**非英語話者の学習をむずかしくしているいくつかの壁**が存在します。しかし、見方を変えると、その壁を乗り越えていくと、私たちの英語能力は一挙にステップアップするといえるのです。

　以下は、英語が他の言語使用者の学習をむずかしくしていると考えられる5つの問題です。本章と次章では、これらのむずかしさの正体を明らかにし、それを踏まえた上で、どう英語学習を進めていくべきか、について考えていきます。

（1）英語は世界の多くの言語と異なる文法形式を用いている。
（2）同じ単語が名詞、形容詞、自動詞、他動詞などに変身する。

65

（3）5文型を補うために多くの方法を使う必要がある。

（4）前置修飾と後置修飾が混在している。

（5）以上のことが英語のリスニングもむずかしくしている。

　すでに述べたように、英語は出来事を5文型という公式の中にコンパクトに収めようとします。そして、そこに収める単語も**語形変化の少ないシンプルな形**にしようとしています。しかし、このことが反面、**各単語がもつ情報量を少なくし**、文中での役割を捉えにくくしています。

　実は、このようなスタイルで作られた言語は少なく、日本語話者も含め、非英語話者にとってはなじみにくく、これが上記の（1）と（2）のわかりにくさを作っています。

　また、英語は出来事を5文型の中に収めようとしますが、実際には出来事の全体はそこに収まり切りません。そこで、英語は**5文型に様々な手を加える**ことで、この問題を解決しようとするのですが、これが（3）（4）のわかりにくさを生み、（2）も含め、（5）のリスニングのむずかしさにつながります。

　そこで、以下、これらのわかりにくさの問題に入っていきたいと思いますが、その前にまず、**5文型を優先して用いる英語の方法を世界の他の言語と比べてみる**ことにします。英語の強みも弱みも、英語が他の言語から離れたところに位置する言語であることが関係しているからです。

2　英語以外の文法書に5文型は出てこない

　私たち日本人のほとんどは初めての外国語として英語を学びます。そして、その英語の文法の中心は5文型です。そのため、すべての言語は5文型を標準にして作られていると考えてしまうかもしれません。たとえば、英語はSVOの語順だが、日本語にも対応する語順があり、それはSOV（例：太郎は　リンゴを　食べる）である、というように。しかし、これはよく使われる日本語の語順をあえて英語の語順と比較して表した場合で、実際には「リンゴを　食べる　太郎は」でも「食べる　太

	主語は常に必要か？	主語の位置は？
日本語	いいえ	自由
ラテン語	いいえ	自由
ギリシャ語	いいえ	自由
ロシア語	いいえ	自由
イタリア語	いいえ	比較的自由
スペイン語	いいえ	比較的自由
ドイツ語	はい	比較的自由
フランス語	はい	固定
英　　語	はい	固定

表4-1 9言語に見られる主語の扱い（宍戸 2019を一部修正）

郎は　リンゴを」でも十分に意味が通じます。一方、英語でこれを "An apple eats Taro" と表すと逆の意味になってしまいます。さらに日本語では当人がいうなら「リンゴを　食べる」だけで十分に意味が通じます。

　私の場合は英語の次にフランス語を学びました。そして、フランス語にも5文型に似た基本文型があります。そのため、当時は、ヨーロッパ言語の文法はみな、よく似ているのだろうと思っていました。しかし、実際に各言語の文法書を開いてみても「基本文型」ということばは、ほとんど見あたりません。

　英語、フランス語の文法では、主語とそれに続く動詞が一番大切で、文の先頭に位置しています。では、他の言語ではそれらはどう位置づけられているのでしょうか？　**表4-1** は宍戸（2019）より関連する情報を取りだして表したものです。

　表は、文には常に主語が必要か、主語を示した場合、固定した位置があるかどうか、を9言語について表したものです。見ると、常に必要で定位置があるのは英語とフランス語だけで、実は**少数派**であることがわかります。また、日本語のように主語が常に必要ではなく定位置もない言語は他にもあります。残りは、中間の状態にあると考えられる言語で

す。

　なぜこのような違いが表れたのでしょうか？　以下、考えていきます。

3　語順文法と格文法

　主語か、目的語か、動詞か、というような文中での各単語の役割を示すには2つの方法があります。

　ひとつは、英語のように、**あらかじめ語順を決めて**おき、単語がどこに収まるかによって単語の役割を伝える方法です。この場合、たとえば、〈主語・動詞・目的語〉というように、文の中で役割をもった単語が入る位置をあらかじめ決めておきます。そのため、どれかが欠けたり、位置が変わると文意が伝わらなくなります。ここでは、このようにして文を作る方法を**語順文法**と呼ぶことにします。表中の言語以外では、たとえば、中国語が語順文法です。

　もうひとつは、文中での単語の役割を単語の語尾を変化させたり（**格変化**といいます）、日本語のように名詞の後に**格助詞**を付けて伝える方法です。この場合、それぞれのことばの単位が独立して文中での役割を示しているので、その位置は自由になり、また、他の語が省略されても主語か目的語か、などを見分けることができます。たとえば日本語で、「水を」といえば、それだけで水を求めていることが伝わります。ここでは、このようにして文を作る方法を**格文法**と呼ぶことにします。なお、格文法の考え方は、フィルモアという言語学者によって提案されており（フィルモア 1988)、本書で用いるときもそれに近い内容であると思いますが、厳密にそれにもとづいているわけではありません。

　表4-1に表れているように、主語の扱いに大きな違いが出てきたのは、いま述べたように、その言語が語順文法であるか、格文法であるか、に強く関係していると考えられます。

　主語が不可欠で位置も固定している英語とフランス語は語順文法です。そして、主語は不可欠でなく、位置も固定していない日本語、ラテン語、ロシア語は格文法です。ただし、どの言語にも語順文法と格文法の両方

の特性が程度の差はあれ含まれています。語順文法である英語も、人称代名詞では、たとえば、"I, my, me"（私は〔が〕、私の、私を〔に〕）というように、格変化の形を一部、残しています。

4 名詞の格変化のしくみ

英語以外のヨーロッパ言語はむずかしいと感じる人が多いようです。その主な理由は、格変化がある言語が多く、さらに人称による動詞の変化などがあるため、単語を覚えるときにそれらも覚えなければならないからです。しかし、格変化のあるヨーロッパ言語は、格文法にもとづくという点では日本語と同じグループであり、日本人にとっては、実は英語よりもわかりやすいところがあるのです。

*ロシア語と日本語の意外な共通点

私が英語とフランス語に続いて学んだのはロシア語なので、ロシア語を例に名詞の格変化を説明します。**表4-2**は、学校（школа　シュコーラ）という名詞を例にロシア語の格変化を説明したものです。見ると、それらは日本語の格助詞の構造にかなりよく似ていることがわかります。

次に、例文を通して格文法と語順文法を比較してみます。以下は、同じ意味の文を日本語とロシア語と英語で表したものです。

私は　母に　愛犬の　写真を　見せた。

(表4-2) ロシア語の格変化の例

格	格変化	意味
主格	школа	学校は（が）
生格	школы	学校の
与格	школе	学校に
対格	школу	学校を
造格	школой	学校で（手段・道具）
前置格	в школе	学校で

Я показал маме фотографию своей собаки.

（私は　　見せた　母に　　写真を　自分の　犬の）

　　　　　　　（与格）（対格）　（生格）（生格）

I showed my mother a picture of my dog.

　３つの文を比較すると、ロシア語は、語順については標準的な順序で表すと英語と同じになりますが、格変化については日本語に似ていることがわかります。英語の"mother"や"picture"や"dog"は、それだけを取り出すと文中でどのような役割をしているのかわかりません。しかし、日本語やロシア語だと、それぞれに格の指標が付いているので、それだけで役割がわかります。たとえば、マーミエ（маме）だけで母に向かって何かをしたのだとわかるのです。

5　語順文法は格文法よりもリスニングがむずかしい

　以上述べてきたように、語順文法にもとづく英文の作りは、格文法にもとづく日本語を使っている**日本人には単語の見分けをむずかしく**しています。これが英語のわかりにくさの主な理由になっています。

　ただし、このような単語と文の関係づけのむずかしさは、文字で書かれている文を読む場合は比較的容易になります。視覚は一定の広さをもつ視野内の映像を同時に把握でき、しかも何度も見返すことができます。そのため、単語の前後を見ていると、文中でのその役割を見分けやすくなります。しかし、聴覚を通して入ってくる音は時間と共にどんどん消えていくので全体を関連づけにくいのです。

　英語の文を聞く場合、特に英語ネイティブの人が速く話すのを聞く場合には、リスニングがむずかしくなります。英語の音は待ってくれず、どんどん先に進んでいきます。そのため文全体を聞き取れず、一部の単語しか耳に残らないことが多いのです。外国語の中でも特に英語の場合は単語に**格の指標がない**ため、部分的に聞き取れても、文全体に結びつきません。しかし、格変化のある言語だと、たとえば、先のロシア語の

「マーミエ」や日本語の「母に」のように、個々の単語が全体との関係を示しているので、他の部分は聞き取れなくても全体との関係を予想しやすいのです。また、日本語やロシア語は、**表4−2**や例文を見てわかるように格変化を示す部分に母音が含まれています。そのため音を聞き取りやすく、格を表す指標を見落としにくいのです。

これが（5）に挙げた、英語のリスニングのむずかしさの一部です。

6　同じ単語が多くの品詞に変身していく英語のしくみ

英語では文中の単語の意味を聞きとることがむずかしくなる理由は他にもあります。それは、（2）の**同じ単語が多くの品詞に変身していく**、という問題です。

これは辞書で確かめてみるとよくわかるのですが、日本語だと、単語を引くと、これは名詞、これは動詞、これは形容詞というように、**ひとつの単語に対してひとつの品詞の意味**が出てきます。そのため、単語を覚えるということは文中での使い方も覚えるということになるのです。これはほとんどの外国語についていえることです。たとえば、英語と文法が似ているフランス語でも、名詞、動詞、形容詞は異なる語尾の形をしているので区別しやすいのです。

しかし、英語の単語はそうではありません。**ひとつの単語を調べると、多くの品詞やその意味**が書かれています。たとえば、"look"という動詞由来のことばに"take a look at 〜"（〜を見る）というような名詞の意味が、また、"cool"という形容詞由来のことばに"cool down"（冷やす）のような動詞の意味が加わってきたりします。このように同じ単語が多くの品詞に変身するという現象は特殊な例というより、むしろ英単語に一般的に見られることです。

例を挙げると、"play"という語には、以下のように、名詞、自動詞、他動詞の意味があり、さらに、それぞれについて多くの意味があります。

〈"play"の意味〉

名　詞：劇、遊び、冗談、競技、賭け、作用　など

自動詞：演じる、遊ぶ、戯れる、演奏する、競技をする　など

他動詞：〜役を演じる、〜を上演する、〜を弾く、〜ごっこをする
　　　　など

　また、使用頻度が高いことばの中では、**that** は、**指示代名詞**（それ・あれ）の役割、**指示形容詞**（その・あの）の役割、"I think that ..." の場合の、**接続詞**の役割、**関係代名詞**の役割、**副詞**の役割（そんなに）と、非常に多くの意味があり、文中でその役割を見分け（聞き分け）ていかなければならないのです。

7　文の流れの中で単語の意味を読み取る英語のリスニング

　同じひとつの単語が多くの品詞の役割をもつということは、多くの単語を使わなくてもすみ、便利なことであるように見えます。しかし、英語では、各文の中でその単語の品詞を決定するのは前後の単語や文の形です。そのため、その単語を単独で見聞きするだけでは意味はわからず、**常にその語が収まる文全体を見て（聞いて）、その役割に気づかなければならない**のです。

　先に述べたように、日本語の単語は「〜は」「〜が」「〜を」「〜の」「〜に」「〜で」というように格助詞とセットになっており（その全体は**文節**と呼ばれます）、その部分を聞き取れば文中での単語の意味がわかるようにできています。そのため、日本人の耳は、リスニングというと単語（正確には文節）の部分を聞き取ろうとする方向に向かいやすいのです。しかし、英単語の意味は文中で決まってくるので、"play" ＝「遊ぶ」というように当てはめるだけではネイティブが発する早口の文の意味を捉えることができません。

　つまり、格文法では、格の指標をもつ**各単語が集まり、徐々に文全体の意味を作っていきますが、英語のような語順文法では文全体のパターンが各単語の意味を作っていく**といえるのです。そのため、英語のリスニングでは、各単語を聞き分けるだけでなく、文全体、もしくは**文のパターンを聞き分ける**ことが非常に重要になります。

　ただし、英文を「聞く」のでなく「読む」作業だったら、ゆっくり文の全体を見渡しながら、**全体から部分へという、単語の意味を決定する過程**をたどることができます。明治以来、日本人がやってきたのは主にこの作業で、そのおかげで、日本人は英語圏の多くの文化を取り入れることができたわけです。しかし、現代のようにグローバル化が急速に進み、英語をリアルタイムで理解し、また、発信していかなければならない時代になると、ゆっくり翻訳するのでなく、英文を理解し、作り上げていく過程を高速にしていく必要があります。そのためには、**この作業のひとつひとつを意識しながら実行するのでなく、できる限り自動化していく必要**があります。

＊変換作業はどうすれば自動化できる？

　私自身がこれを実行していく上で、結局、一番役に立ったのは、15年ほど前から書店にたくさん並ぶようになった『どんどん話すための瞬間英作文トレーニング』（森沢 2006）と題する、音声教材の付いた書籍です。この本は日本語の文が流れた後、ゆっくり考える間を置かずに対応する英文が流れる、ということが220回、ただひたすら繰り返される、という、一見、簡単な作りの教材です。聞く方の私は、答えが流れてくる前に急いで英文を作らなければなりません。

　この教材については、日本語→英語というプロセスがあるので翻訳であり、英会話には役立たない、という批判があります。しかし、瞬時の翻訳であるため日本語の方を吟味する余裕はなく、自動的に日本語のパターンを英語のパターンに変換するという訓練にはなっていると思います。

　この本に出てくる英文は中学３年間の英語学習にもとづいており、紙面で読めばすぐに意味がわかるようなものばかりです。しかし、では、日本語文のあと、すぐに対応する英文が出てくるのかというと、多くの日本人には案外むずかしいのです。それは、私たちが英語ネイティブを

前にして、英語で急に会話しなければならない状況に似ています。私は、この本を買ってから、数カ月間、車を運転するたびに、この音声教材を聞き、自分の口を動かしていました。すると、何周かするうちに、少しずつ、日本語から英語への変換作業が自動化し、答えが聞こえてくる前に英文が出てくるようになってきました。また、この練習が、私の英会話の先生であるマリアさんと話すときにも、ある程度は、助けになっていると思います。

　日本語は、名詞＋格助詞でできた意味のかたまり（文節）を述べたい内容に合わせて並べていくと文ができあがるしくみです。しかし、英語は文型のパターンに合わせないと文を作れないしくみです。ということは、このパターンをあらかじめ頭にたたき込んでおかなければならないわけですが、いったんそれができあがれば、いいたいことをそこに放り込んでいくだけで英文を作ることができるということになります。これが1章で述べた**公式への代入方式**です。

　ところで、この本の**序章**で、私は、「英語脳」ということばを掲げる本や動画が「英語脳」の中身についてはあまり触れず、英文のパターンだけを並べている、と批判的な意見を述べました。しかし、上述のように、**英語という言語は、文のパターンが重要な意味をもつタイプのことば**です。その意味では、それらの本や動画が用いている文のパターンを並べる方法は「英語脳」の理にかなっているともいえるのです。

9　状況設定をしていくことばの必要

　ところで、英語の根底にある、公式の基本は、1章で述べた5文型です。そこで、英語では、この公式を使うだけですべての物事を表すことができるのか、というと、答えは否です。ただし、5文型を使うだけでほぼ間に合う会話もあります。それが**旅行場面**です。旅行英会話の本を開いてみると、「1．機内で、2．空港で、3．ホテルで、4．レストランで……」というような項目があり、各項目の中で会話文が紹介され

ています。たとえば、ホテルの項目では "I have a reservation here."
（こちらで予約をしています。SVO文型）というような。

　なぜ、旅行英会話では基本5文型だけですむことが多いのか、という
と、旅行者は、それぞれの場面で、**すでに状況設定がなされている中で
話すことができる**からです。ホテルのフロントの前にいる者は旅行者に
決まっており、部屋をとり、宿泊するに決まっています。ですから、そ
のような状況設定の部分は省いて、その設定の中で、何をどうするか、
または、したいか、の部分だけを話せばいいことになります。すると、
それは5文型だけで間に合う場合が多いのです。

　しかし、他の場面では、どうなるでしょうか？　たとえば、私は毎月
2回、マリアさんと英語で会話をしています。その場合、私たちは、机
を挟んで向かい合っているだけです。ですから、ただ回りを見回すだけ
では、1時間もたせるだけの話題は出てきません。ということは、自分
の身の回りや世界で起きた、または、これから起きそうな事柄やそれに
ついての自分の考えなどを述べていく必要があります。すると、**それぞ
れの話題ごとに状況設定をしていくことばが必要**になります。こうなる
と、5文型だけでは足りなくなるのです。

10　状況設定にはどんなことばが必要か？

　状況設定にはいろいろな方法があります。私たちが一番よく使う状況
設定のことばは、時や場所を設定することばです。「きのうはどこで何
をした」、「あしたはどこで何をする」というような。そして、この範囲
だと、時や場を指定することばをプラスするだけで、文の形は5文型の
中に収まります。

　しかし、私たちが経験する出来事は、ほとんどの場合、このような一
文だけに収まるものではありません。過去・現在・未来の多くの出来事
のつながりの中で起きるものです。ある出来事は他の出来事の原因にな
り、結果になります。このような**出来事と出来事のつながりがその場の
状況を作っている**といえます。ですから、話をするときには、それらの

出来事をつなげていくことばが必要になります。上述の旅行会話の各場面では、前後の出来事が決まっているので、ひとつの出来事を表す文だけで話をすますことができるのです。

　出来事が成り立つ上で欠かせないのは動詞（V）です。ですから、5文型のすべての文型にはVが含まれています。ということは、その文の中にいくつの出来事が含まれているか、はVの数を数えればわかることになります。

11　英語ネイティブは幼児期から5文型に続く文型を学習している

　私たち日本人は、英語と出会って5文型を学び、そのあと、5、6年かけてハイレベルの単語と文法から成る入試英語に挑戦するようになります。しかし、自分で話す段になると、旅行会話のレベルから抜け出せないのが現状です。

　では、英語圏の人たちはどのようにしてより高いレベルの文型を学習しているのでしょうか？　日本人と英語ネイティブの英語能力の差の一番の原因は英語との接触時間の大きな違いでしょう。けれども他にも違いがあります。それは、**英語の学習順序の違い**です。日本人は、5文型に続く文型学習をあまり進めないうちに、高度な、入試や各種のテスト向けの英語学習に時間をかけているのです。しかし、英語ネイティブは、早くから、5文型の発展型についての学習を深めているようです。

　私は、最近、英語で書かれた子ども用の本を読むようにしています。その中で出会い、良い本だと思っているのが"Frog and Toad Are Friends"と題する"I CAN READ"シリーズの中の一冊です（Lobel 1970）。この本の登場人物は、題名が示すとおり、カエル（Frog）とヒキガエル（Toad）であり、5つの章に分かれています。その中の"The Story"という章を以下引用してみます（和訳と下線は、熊谷による。ただし、カエル君、ガマ君という呼称は、三木卓訳 1972 『ふたりはともだち』から借用しています）。

One day in summer Frog <u>was</u> <u>not</u> <u>feeling</u> well.

Toad said, "Frog, you <u>are</u> <u>looking</u> quite green."

"But I always <u>look</u> green," said Frog. "I <u>am</u> a frog."

"Today you <u>look</u> very green even for a frog," said Toad.

ある夏の日、カエル君はあまり気分がよくありませんでした。

「カエル君、君はものすごく緑に見えるよ」とガマ君がいいました。

「でも、僕はいつも緑だ。カエルだからね」とカエル君は答えました。

「でも今日の君は、カエルといっても緑過ぎるよ」とガマ君がいいました。

　物語の、この出だしの文章は、「といった」（"Toad said" など）と付け加える部分を除くとすべて5文型に収まります。しかし、読み進めると、だんだん、次のレベルの文型が現れてくるのです。

　物語では、続いて、カエル君の具合が悪いようなので、ガマ君は自分のベッドで寝てもらうことにします。そして、カエル君はガマ君にこう頼むのです。

"<u>Tell</u> me a story while I <u>am</u> <u>resting</u>."

「僕が休んでいるあいだに、物語を聞かせてよ」

　ここで初めて、2つのV（下線部）が含まれる文、つまり、ガマ君が「物語を聞かせる」という行為とカエル君が「休んでいる」という行為をつなぐ文が現れます。そして、2つの行為を "while" という接続詞がつないでいるのです。

　ガマ君はこの願いをかなえようと、なんとかして、物語を作り上げようとするのですが、なかなかできあがりません。そして、ついに、逆立ちをすれば物語をひねり出せるかもしれないと思い、実行します。カエル君に、なぜそんなことをしているのか、と聞かれ、ガマ君は答えます。

> "I hope that if I stand on my head, it will help me to think of a story."
>
> 「逆立ちをすると、物語を考えやすくなるんじゃないか、と期待してね」

　これは、それほど長い文ではないのに、4つものV（下線部）が含まれています。英語圏の子どもたちが初期段階で読む本の中に、こんな、ある意味では高度な文型が含まれているのは意外でした。

　私たち日本人から見ると、この構文は幼い子どもにはむずかしすぎるように見えます。しかし、この本には、そうならないようにするための工夫がほどこされています。逆立ちをしても物語を思いつかないガマ君は、次は頭から水をかぶり、それでもだめだとわかると、今度は壁に強く頭をぶつけます。すると、そのたびに、上記と全く同じ構文が現れ、上記の "if I stand on my head," という部分だけが、2番目には "if I pour water over my head,"（頭から水をかぶれば）に変わり、3番目には "if I bang my head against the wall hard enough,"（壁に思い切り頭をぶつければ）に変わります。このように、**幼児用の物語では、同じような出来事が繰り返される中で、同じ構文が繰り返され、複雑な構文も少しずつ身についていくしくみができている**のです。

＊英語の基礎固めに最適な子ども用の読み物

　子ども用に書かれた読み物の中には、いま述べた、"Frog and Toad Are Friends" の場合もそうですが、大人が読んでも思いのほか面白く、味わい深いものが多いのです。

　私は、これまでに、200頁以上の英語の本を1カ月ほどかけて読んだ経験が何度かあります。読後、本の内容はある程度憶えていましたが、それらは日本語に変換された記憶になっており、本の中にあった単語や構文の多くは記憶の中から消えていました。

　ところが、最近、短い読み物や童話を英語で読むようにしてみると、

長編の読み物の10分の1ほどの時間で何度でも読み直すことができることに気づきました。ということは、そのあいだに、同じ単語や同じ構文に何十回、何百回も出会うことができるということで、忘れる前にまた記憶していくことができます。そして、英語圏の子どもたちは、日常の中でも、物語の中でも、こういう経験を何年もかけて積み重ねていくのだということに気づきました。そういう経験を経た後だと、長編の読み物や専門書を読んでも、そこにある文章が、すでに身につけた英語の基礎の上に成り立っていることを実感できるのです。また、基礎ができていると、初めて出会った単語や構文はそれだけ新規なものになるので、その分、印象深く、覚えやすくなるのです。

　私たちは難易度の高い英文に挑戦したり、テストに備える中で、**やさしい英語の中に隠された基礎の部分**をしっかり身につける機会を失っているのではないでしょうか。

　次章では、私たちが早い段階で身につけておくべき、**5文型に続いて構築されるべき英語の全体構造**について、私なりにまとめ、説明してみることにします。

5章
5文型に出来事を加えていく
3 × 2 × 3の方法

1　5文型を発展させるにはどうすればよいか？

　前章で述べたように、英語は、出来事を表すために5文型を中心に据えていますが、それだけでは出来事の全体は表せません。そこに関連する**出来事を加えていくことが必要です**。

　しかし、一般の文法書を見ると、基本文型は5文型のところで途切れ、そのあと、時制、能動・受動態、比較、冠詞、複数形などと、盛りだくさんの文法項目が並び、なかなか、その発展型に行き着けないのです。しかし、言語発達という観点から見ると、前章の後半で述べたように、**英語圏の子どもは、やさしい読み物に接する時期から、それを可能とする構文の世界に入っています**。それがないと、物語というものをうまく理解できないからです。その意味では、日本人は**ことばを学ぶ正規のルートから外れて英語学習をしている**といえるかもしれません。

　ただし、断っておくと、英語の文法書には、通して読んでみると、不定詞、動名詞、関係詞、接続詞など、出来事と出来事をつなぐためのことばがきちんと紹介されています。しかし、それらは5文型の発展型を作るための方法としてまとまった形で紹介されていません。そこで、この章では、基本5文型に続く**拡張文型**とはどのようなものなのかを私なりにまとめてみることにします。それを作るのが、以下紹介していく、**3 × 2 × 3の組み合わせを使った文構成法**です。

2　文を修飾する方法をまず日本語で考えてみる

　とはいっても、私たちがどのようにことばを組み合わせ、出来事の全体を表していくのか、その方法をいきなり英文で考えていくとむずかし

81

くなります。そこで、まず、私たちが使い慣れている日本語を通して、出来事のつながりを表すにはどのようなことばが必要になるのか、を考えていきたいと思います。

　日本語でも英語でも、文に情報を付け加えていくことばは**修飾語**と呼びます。そして、この修飾語の代表として**形容詞と副詞**があります。形容詞は名詞を修飾することばで、副詞は動詞や形容詞を修飾することばです。たとえば、形容詞は「大きな家」、副詞は「ゆっくり帰る」「とても大きな家」の下線部に相当することばです。

　ただし、私たちが使うことばには厳密な意味で形容詞や副詞といえなくても、**形容詞的な働きをすることばや副詞的な働きをすることば**があります。それらは、単独の形容詞や副詞でなく、複数の語で構成された形をとっています。「大きな古い家」や「ゆっくり家に帰る」の下線部がその例で、それぞれ**形容詞句**、**副詞句**と呼ばれます。また、「きのうは、大雨が降った」とか「中国で地震が起きた」というような、時や場所を指定することばも副詞句で、文を作るときには非常に重要な役割を果たしています。「句」とは、1章の最後で述べたように、主語（S）の入らないことばの集まりです。

　ところで、いま述べた範囲での、形容詞的なことばや副詞的なことばは、いろいろ情報を付け加えてはいますが、動作（V）を含んでいないので、もとの文に新たな出来事を付け加えてはいません。本章で考えていかなければならないのは、**出来事を加えながら形容詞や副詞の役割をして、文を修飾する場合**です。例を挙げると、以下の文の下線部がそれに相当します。

形容詞句の例　：私は木で作られた家に住んでいる。
副詞句の例　　：私は山田さんに会うためにここに来ました。

　形容詞句の例は、「家に住む」という出来事に、その家は「木で作られた」という出来事を加えています。また、副詞句の例は、「ここに来

た」という出来事に「山田さんに会う」という目的を付け加えています。なお、副詞句の場合は、「〜する前に」「〜した後で」「〜する（した）ために」「〜しながら」など、もとの文に対して多様な条件を加えることになります。

　ところで、以上の形容詞句、副詞句の中には主語（S）がありません。これに対して、**主語（S）を入れて形容詞的、副詞的に修飾する場合は、形容詞節、副詞節**と呼ばれます。「節」とは、SとVの両方が入ったことばの集まりです。ですから、節の形で出来事を出来事で修飾すると、ひとつの文の中に2つの文が含まれることになり、日本語文法では複文と呼ばれます。また、修飾される方の文は**主節**、修飾する方の文は**従属節**と呼ばれます。形容詞節と副詞節を含んだ文の例を示すと以下のようになります。

形容詞節の例　：私は叔父が設計した家に住んでいる。
副詞節の例　　：私は母が夕食を作っているあいだに散歩する。

3　出来事自体を名詞にする修飾法

　ところで、出来事を出来事で修飾する文の段階で新たに現れる、重要な修飾法があります。それは、**出来事自体を名詞にして修飾する方法**です。通常、修飾とは、形容詞や副詞のように、対象となることばをその**外側から補足、説明**するものです。そのため、日本人も、上述の、形容詞句、形容詞節、副詞句、副詞節については日本語を英語に置き換えて学習しやすいのです。しかし、名詞となって修飾する場合は、修飾することばが自ら名詞になるわけですから**外側からでなく内側から修飾する方法である**といえます。そのため、この考え方は一見、受け入れにくいのですが、私たち日本人も、よく、出来事自体を名詞化する方法を使っています。それが、以下のような、**名詞句**と**名詞節**を使った文となります。

> 名詞句の例：<u>英語を学ぶこと</u>は日本人にとって容易でない。
> 名詞節の例：私は<u>彼がこの街のどこに住んでいるのか</u>わからない。

　日本語では、以上のように、出来事を表す文の後に「〜こと」や「〜の」などを付けるだけで、その前の出来事をまとめ、名詞化することができます。日本語では、このように簡単に名詞化できるので、特に名詞化の作業をしていると意識していないのです。しかし、一方、英語では、後で述べるように、出来事を名詞化する方法がたくさんあり、それだけに、名詞句、名詞節を用いた修飾を日本人は苦手にしています。

　ここで、以上をまとめると、出来事で出来事を修飾するには、日本語でも英語でも、以下の**3つの方法**があり、また、それぞれの中に**句で表す場合と節で表す場合の2つ**があります。

> 1．名詞の役割で修飾する場合　　→　1）名詞句、2）名詞節
> 2．形容詞の役割で修飾する場合　→　1）形容詞句、2）形容詞節
> 3．副詞の役割で修飾する場合　　→　1）副詞句、2）副詞節

　図5-1は、これら3種の修飾方法が、英語に置き換えた場合に、5文型を作る5つの要素のどこに挿入されていくかを示したものです。名詞句・節はSOCの内側に入り、自ら名詞の役割を果たします。形容詞句・節はSOCの後側に付いてそれらを修飾します。そして、副詞句・節は文の前か後に付きます。後に付く場合は、図ではCの後に矢印を向けていますが、文がVで終わればその後、Oで終わればその後になります。

　ところで、この章のタイトルは、「5文型に出来事を加えていく3×2×3の方法」としています。このうち、**最初の3×2**は、以上述べたように、名詞、形容詞、副詞の3種の役割の修飾法のそれぞれに句と節という2種の形があるので、3と2を掛け合わせた部分ということにな

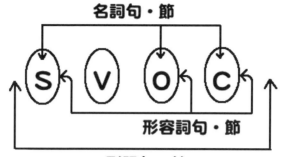

図5-1 ５文型に出来事を加えるときの句と節の挿入位置

ります。

　では、３×２×３の最後の「3」とは何でしょうか？　実は、句を作るときにも、節を作るときにも、表5-1（次頁）の左側の列に示したように、それぞれ３種の品詞が使われます。これが最後の「3」を作ります。

　そこで、次に、出来事を出来事で修飾する、これら３×２×３の方法を用いた英文の実例を紹介していくことにします。

4　出来事を出来事で修飾するときに使う３×２×３の方法の実例

　以下に、上記の３×２×３の修飾法にもとづく、14の例文（①〜⑭）を列挙していきます。それらの番号は、表5-1の中の該当箇所に記入しています。

　計算上、３×２×３は18になるので18の例文を示したいところですが、実際には品詞を適用できない場合が４カ所あり、14の例文になります。表にも示したように、**to 不定詞や現在分詞（〜ing）のように、名詞、形容詞、副詞のすべての役割を果たせる品詞もあれば、一部に適用できないものもある**ので空欄ができるのです。以下で、それぞれについて例文を示した上で解説していきます。表中には①〜⑭の各例文の位置を示してあるので確認してください。また、各英文の後にはどの品詞を使っ

表 5-1 出来事を出来事で修飾する 3×2×3 の文構成法 （①～⑭は例文番号）

		修飾に用いる品詞	1　名詞句・節	2　形容詞句・節	3　副詞句・節
1句	1	to 不定詞	①	⑥	⑪
	2	現在分詞　～ing など	②（動名詞）	⑦	⑫（分詞構文）
	3	過去分詞　～ed など	×	⑧	⑬（分詞構文）
2節	1	関係代名詞　which など	③ what 使用	⑨	×
	2	関係副詞　where など	④	⑩	×
	3	接続詞　if, when など	⑤	×	⑭

ているか記しておきます。

　日本人にとって、英語で長い文を作るのは、迷路の中の作業のように思われるところがありますが、**表 5-1** のような案内板があれば、その中で動けばよいのだとわかり、安心感が生まれるのではないか、と思います。

　以下、名詞の役割、形容詞の役割、副詞の役割の順で実例を示します。

1-1. 名詞句の場合

① I forgot **to tell** you my e-mail address.　　…to 不定詞
　私はあなたにメールアドレスを教えるのを忘れた。

② **Learning** English is not easy for Japanese people.
　英語を学ぶことは日本人には容易ではない。　…現在分詞（動名詞）

1-2. 名詞節の場合

③ I can not understand **what** he says.　　…関係代名詞
　私は彼がいうことを理解できない。

④ I don't know **where** he lives in this town.　…関係副詞
　彼がこの街のどこに住んでいるのかわからない。

⑤　I want to know <u>if it will rain tomorrow</u>.　　…**接続詞**

　　私は<u>明日雨が降るかどうか</u>知りたい。

　名詞の役割を果たす場合は、**6品詞中、過去分詞は使いません**。なお、例文②で使われる〜ing 形は、一般には**動名詞**と呼ばれ、現在分詞と区別されています。しかし、ここでは、文の作り方と品詞の関係を大きく捉えるために同じ仲間として位置づけています。

　また、③のように、**"what" を関係代名詞として使う方法**は日本人にはわかりにくいものですが、英文には、前章で紹介した子ども用の読み物にもよく出てきます。これは、"the things which he says"（彼がいうところのこと）を簡潔な形で表しています。

　ところで、⑤のように、接続詞を使って名詞節を作る場合に**一番多く使われるのは "that"** で、"think" や "hope" や "said" の後を以下のようにつなぎます。さらに、この種の "that" は、多くの場合、省略されるので、リスニングのときは頭の中で補う必要があります。

⑤'　I don't think <u>(that) he is an honest person</u>.　…**接続詞**

　　<u>彼は正直な人ではない</u>と思う。

2-1.　形容詞句の場合

⑥　Do you have something <u>**to drink**</u>?　　　…**to 不定詞**
　　何か<u>食べる</u>ものがありますか？

⑦　I found a girl <u>**playing** in the garden</u>.　　…**現在分詞**
　　私は<u>庭で遊んでいる</u>少女を見つけた。

⑧　I live in a house <u>**made** of wood</u>.　　…**過去分詞**
　　私は<u>木でできた</u>家に住んでいる。

2-2. 形容詞節の場合

⑨ I live in a house **which (that)** my uncle designed.
　　私は叔父が設計した家に住んでいる。　　　　…関係代名詞

⑩ This is the reason **why** I came here.　　　…関係副詞
　　これが、私がここに来た理由です。

　⑨の例文のカッコの中のように"that"には⑤'に示したような接続詞の他に関係代名詞としての役割もあります。**"that"は人も物も修飾できる**ので、"who"と"which"の代用ができます。
　以上、形容詞の役割を果たす句や節の場合は、6品詞中、接続詞以外の5品詞を使い、例文のように、名詞の後に付いてそれを修飾します。

3-1. 副詞句の場合

⑪ I am here **to see** Mr. Yamada.　　　　　　…to 不定詞
　　私は山田さんに会いにここに来ました。

⑫ He explained the accident, **showing** pictures.　…現在分詞
　　彼は写真を見せながらその事故について説明した。　（分詞構文）

⑬ **Surprised** at the news, she started to cry.　…過去分詞
　　その知らせに驚き、彼女は泣き出した。　　　　（分詞構文）

　ここで、オフィスの受付での会話を想定している⑪の英日対照の文に注釈を入れておきます。英語では"I am here"と現在形であるのに対して日本語では「ここに来ました」と過去形になっています。こうなっているのは、日本語は、この本で述べてきたように**話し手視点**だからです。ですから、「ここに来た」という**話し手の行動の経過**も含めて表しています。一方、英語は**その場面を客観的に表す**ので現在形になります。英文で"I came here"にすると「前にここに来た」の意味になってし

まいます。

3-2．副詞節の場合

⑭　I take a walk **while** my mother is cooking dinner.　…**接続詞**
私は母が夕食を作っているあいだに散歩する。

副詞的な役割の場合は、to 不定詞を使う場合と接続詞を使う場合が多く、接続詞には、"if", "when", "before", "because", "though", "as" など、非常に多くのものがありますが、日本語とは対応させやすいものです。

ところで、現在分詞と過去分詞を使う⑫、⑬の例文は、**分詞構文**と呼ばれる構文を作ります。この用法は文法学習では最後の方で教えられることが多いので、一般にむずかしいものと考えられていますが、実際には、物語の中でよく使われ、この後、実例を示すように、初期の読み物の中でもよく見かけるものです。私たちは、**複数の行為を同時に起こす**ことが多く、分詞構文はそれをうまく表してくれるからです。

＊使役動詞・知覚動詞が使われるときの特例

以上述べてきたように、5文型に出来事を付け加えたいときには6種の品詞（**表5-1**参照）を使います。しかし、特例として、これらの品詞でなく、**動詞の原形**を用いて出来事を加えることがあります。それが、**使役動詞**と**知覚動詞**を用いる場合です。

使役動詞は、"**make**", "**let**", "**have**" などを用いて人や物に**動作を生じさせる**場合に使われ、知覚動詞は、"**see**", "**watch**", "**hear**" などを用いて人や物が表す**動作を感知する**場合です。例文を示すと、それぞれ以下のようになります。

He <u>let</u> me <u>know</u> his address.　　　（使役動詞・動詞の原形）

彼は私に住所を教えてくれた。

I <u>saw</u> my uncle <u>enter</u> the shop.　　（知覚動詞・動詞の原形）

私は叔父がその店に入るのを見た。

　ただし、特例を作る使役動詞や知覚動詞の場合にも、**そのまた特例**が
あります。使役の意味を持つ "**get**" の場合には、動詞の原形ではなく、
以下のように、**to 不定詞**が付きます。

I <u>got</u> the doctor <u>to come</u>.　　（使役動詞・to 不定詞）

私たちは医者に来てもらった。

　また、使役動詞や知覚動詞が、対象となるものを**受け身や進行中の状
態**で表す場合は、以下の例文のように、**過去分詞や現在分詞**を用います。
しかし、これらは先の例文⑦、⑧のように前の名詞を修飾する形容詞句
の働きをしているわけではなく、人や物の**動きそのもの**を表しています。

I <u>had</u> my hair <u>cut</u>.　　（使役動詞・過去分詞）

私は髪を切ってもらった。

I <u>heard</u> the door <u>opened</u> by the wind.　　（知覚動詞・過去分詞）

私は風でドアが開けられる音を聞いた。

I <u>saw</u> him <u>jogging</u> in the park.　　（知覚動詞・現在分詞）

私は彼が公園でジョギングをしているのを見た。

5　ネイティブなら幼児期から親しむ 3 × 2 × 3 の修飾法

　本章では、5 文型に出来事を含んだ情報をどう付け加えていくか、に
ついて一覧してきました。しかし、このようにただ例文を並べるだけで
は、それらが実際の文章の中でどれだけ重要な役割を果たしているか、
を実感できないものです。そこで、上記のような様々な方法が物語の中

でどう使われているかを以下、見ていきたいと思います。

　私は前章で、子どもが読む、やさしい物語の中にも5文型を超えた構文が多く含まれていることを述べました。その上で紹介したのがカエル君とガマ君が出てくる"Frog and Toad Are Friends"という本でした。その中で見つけた、一番むずかしい文をまず取り上げてみます（4章11で既出）。

> "I hope (**that if** I stand on my head, (it will help me (**to think** of a story)))."
>
> 「逆立ちをすると、物語を考えやすくなるんじゃないか、と期待してね」

　この文には、下線部のように、4つもの動詞が含まれているので、4つの出来事が複合されていることになります。つまり、ひとつの文の中に、3つのカッコで括っておいたように、3つの出来事が埋め込まれているのです。そして、最初に大きな名詞節を作るのが"that"で、次の副詞節を作るのが"if"で、最後の名詞句を作るのが"to不定詞"というように、上で述べた各種の方法が連携しています。

＊クリスティの探偵小説も3×2×3の修飾法でできている

　ところで、私が最近、英文で何度も読んだ物語は、アガサ・クリスティ作、『ABC殺人事件』です。最初は原著をじっくり時間をかけて読み、次はそのリライト版（Christie/Wegner 2014）を何度も読みました。この物語は、名探偵ポワロと親友ヘイスティングスが登場するシリーズの一冊で、先の、カエル君とガマ君が出てくる児童書と同様に、親しみやすいキャラクターが発することばを通して英語を学べるので、教材としてすぐれたものです。

　以下は、リライト版の方からの引用です。リライト版は原著と比べ、一定の語彙の範囲で書かれていますが、英語の構文という点では、その基本的なパターンがすべて含まれています。

物語は、ポワロのもとに ABC を名乗る犯人から奇妙な手紙が届くところから始まります（下線とカッコと和訳は熊谷による）。

Mr. Hercule Poirot,
You <u>think</u> (you're great at (**solving** mysteries (**that** <u>are</u> too difficult for our poor British police))), don't you? Well, <u>let's see</u> **how** clever you <u>can be</u>. <u>Look out for</u> Andover on the 21st of the month.
Yours, ABC

エルキュール・ポワロ殿
君は、憐れなる英国警察にはむずかしすぎる諸事件を<u>解決するの</u>が<u>得意だ</u>と<u>思っている</u>ようだね？　では、君がどこまで有能に<u>なれるか</u>を<u>拝見する</u>ことにしよう。今月21日のアンドーヴァーに<u>注目してほしい</u>。
ABC より

　下線を付けたのは動詞由来のことばですが、最初の文にはそれが４カ所あり、一文中に**４つもの出来事**が含まれていることがわかります。そして、この文の中を３つのカッコで区切っているのは、補足する部分の中にまた補足する部分があり、さらにまたその中に補足する部分があるという**入れ子の構造**を成していることを示すためです。また、全３文中には現在分詞を使った名詞句（solving）あり、関係代名詞（that）を使った形容詞節あり、関係副詞（how）を使った名詞節ありと、先に紹介した様々な方法が具体的に使われていることがわかります。なお、第一文の"think"のあとには本来、接続詞の"that"が必要ですが、会話では省略されるのが普通です。
　以上のように、引用した文は出来事の複合の度合いが高く、先に列挙した例文よりも複雑ですが、使われている方法自体は**表5−1**の中にすべて収まります。
　続いて本文を読むと、親友のヘイスティングスは、以下のように、この手紙をあまり重要視していませんが、ポワロの見解は異なるようです。

"What kind of joke is this?" I asked, laughing. But the troubled look on my friend's face told me（that）he did not think（that）it was a joke.

「これはどういう冗談なんでしょうね？」と私は笑いながら尋ねた。しかし、我が友の顔には困った表情が表れており、それを冗談とは考えていないことを示していた。

　これらの文でも下線を引いた動詞由来の語が多く、実際の文章では複合的な文が非常に多いことがわかります。なお、最初の文の最後の"laughing"（笑いながら）は**分詞構文**であり、上述のように非常によく使われている用法です。そこで、このテキストの中に分詞構文が実際にいくつあるか数えてみたら85頁中に27も含まれていました。また、次の"troubled look"（困った表情）の中の"troubled"は形容詞です。このように過去分詞が形容詞に転用された形は多く、たとえば"broken heart"（失意）のように、非常によく使われているものです。

　なお、最後の文には2カ所、（that）を付けておきましたが、もともとは本文中になかったものです。しかし、上記の挑戦状の中の文の場合もそうですが、この"that"は会話の中ではたいてい省略されます。すると、このような文を音として聞く場合は、区切りがないため、SVOSVSVC という音の連続が作られ、日本人のように英語のリスニングが苦手な者にとっては理解しにくいものになります。それを防ぐためには、英語の文構造を頭に入れ、瞬時に内容をそこに当てはめることができるようになっていく必要があります。

6　すべての言語は埋め込み構造をもっている

　ところで、これまで、文が複雑になっていくしくみを出来事を出来事で修飾していく過程として説明してきました。それは、別の見方をすると、**大きな文の中に小さな文の単位を埋め込んでいく過程として捉える**

ことができます。

　これまで列挙した各英文の下の日本語文を見てわかるように、英語による出来事の埋め込み方法は複雑とはいえ、日本語に訳せないわけではありません。それは、**英語と同じく日本語も出来事を文中に埋め込んでいくしくみをもっている**からです。2章で紹介したチョムスキーという言語学者は、このような事実から、すべての言語は**埋め込み構造**（embedded structure）をもっており、これが言語の普遍的な特性である、と見なしました（チョムスキー 2017）。これは非常に重要な指摘ですが、ただし、彼はそれを人類が生得的にもっている能力であると見なしています。2章でも述べたように、この点については、私はその説に賛成できません。

　言語に埋め込み構造があるのは、**自然が生み出す出来事自体が埋め込み構造をもっている**からです。様々な自然現象も、社会現象も、多くの出来事や要因が絡み合って成立しています。そのため、それらを表す言語も埋め込み構造をもつようになったと考えられます。

　私は2章で述べたように、子どもの言語発達は、**共同注意からその入れ子構造（埋め込み構造と同義）へと発達していく**、と考えています。そして、この入れ子構造は発達と共にさらに入れ子をふやしていきます。たとえば、以下のような文例は、図5-2のような**二重の入れ子構造**で示すことができます。

（図5-2）共同注意の入れ子構造の複合

I read a novel（that）Hemingway wrote in his later years.
私は、ヘミングウェイが晩年に書いた小説を読んだ。

　話し手が聞き手に向かって話題とした入れ子の中で彼は本を読んでいます。そして、入れ子の中の

本はヘミングウェイによって書かれたのです。このように、私たちが表す出来事の中には関連する別の出来事が含まれ、さらにその中に出来事が含まれる、という過程を繰り返すうちに文が複雑な入れ子構造を作っていくのです。

このような入れ子構造が生まれるのは、すでに述べたように、自然や出来事のしくみが入れ子を成しているからです。言語の構造はそれを表すために入れ子構造を作っていったと考えられます。ただし、言語が入れ子構造をもつようになったことで、自然や社会の複雑なしくみをより正確に表すことができるようになった、ということもできるでしょう。そして、人間は、この言語によって蓄えられた知識を使って自然に働きかけ、自然を変えていくまでになったといえます。

ところで、英語と同じく日本語にも、もちろん埋め込み構造があります。しかし、埋め込みの方法に違いがあり、それが日本人の英語学習をむずかしくしていると考えられるので、続いて、この問題を取り上げていくことにします。

7 日本語のシンプルな埋め込みルール

では、日本語はどのようにして文中に出来事を埋め込んでいくのでしょうか？ 先の日英対訳の和訳の部分を見てもわかるように、日本語も英語と同じように、形容詞句と形容詞節、副詞句と副詞節、そして名詞句と名詞節に対応した形を作ることで出来事を埋め込んでいます。ただし、その方法は英語と少し違うようです。

形容詞的に埋め込む場合は、たとえば、「飛ぶ鳥」「雪をかぶった山」「私がきのう買った靴」というように、**通常の形の語や句や文を名詞の前に付ける**だけで役割を果たします。また、副詞的に埋め込む場合も、「話しながら運転する」「暑いので汗をかいた」のように、語尾に接続助詞は付けますが、やはり**埋め込む出来事を前に付けます**。そして、名詞的に埋め込む場合は、「走ること」「彼が街を歩いているのを見た」のように、通常の形の動詞や文の後に「こと」や「の」などを付け加え、全

体を通常の名詞と同等に扱います。

　以上のように、**日本語による出来事の埋め込み方法は多くの品詞を使い分ける英語と比べて非常にシンプルなルール**になっている、といえるでしょう。

8　前置修飾と後置修飾が混在する英文のわかりにくさ

　これまで見てきたように、英語は主要部となる5文型を優先して前半に置き、修飾部は後半に置こうとする基本戦略をとっています。つまり、**英語は後置修飾を基本とし、修飾することばを常に前に置く前置修飾の日本語とは反対**です。しかし、実は、英語には、**修飾部分を後ろでなく前に置く場合も**あり、位置が一定していないところが英語のむずかしさを作っているのです。

　修飾の位置が前後に混在して現れてくる英語の例に、形容詞、副詞、接続詞、分詞構文があります。この中で、修飾の位置のルールが比較的はっきりしているのが形容詞です。それは、下記の例文のように、**形容詞一語で修飾する場合は前で、複数の語の場合は後ろ**というルールです。

This is a <u>difficult</u> problem.　これはむずかしい問題だ。

This is a problem <u>difficult to solve</u>.　これは解くのがむずかしい問題だ。

　次に、**副詞**の場合は、もっと複雑なルールをもっています。副詞は動詞の前に置いても後ろに置いてもいいのですが、下記の例文のように、**動詞の後に直接目的語が来るときはその前に置いてはならない**という規則があります。

（正）He carefully read the letter.　彼は手紙を注意深く読んだ。

（正）He read the letter carefully.

（誤）He read carefully the letter.

次に、文を修飾する場合について見てみます。この場合、修飾される部分は**主節**、修飾する部分は**従属節**と呼ばれます。英語は、5 文型で表される元になる文の後に補足部分を付け加えていくのを基本としていますが、実際には、下記の例文のように、従属節を主節の**前に置くことも後ろに置くことも可能**です。

> He came home <u>because it rained</u>.　雨が降ってきたので彼は家に帰った。
> <u>Because it rained</u>, he came home.

　ただし、if, as, unless, although などは主文の前に、until, while, since などは後ろに置くのが通例のようです。
　最後に、文を修飾するもうひとつの方法、**分詞構文**について。これも、前置修飾の場合と後置修飾の場合があります。人の行為には複数の出来事が伴います。ですから、下記の例のように、どの出来事を強調するかによって修飾部の位置が変わってくるのです（例文①ではエジソンが昼夜を問わず働いたことが、例文②では多くの発明品を残したことが強調されている）。

> ① <u>Working hard day and night</u>, Edison invented many things.
>   昼夜を問わず懸命に働き、エジソンは多くの物を発明した。
> ② Edison invented many things, <u>working hard day and night</u>.
>   エジソンは、昼夜を問わず懸命に働き、多くの物を発明した。

9　実は英語よりもわかりやすいかもしれない日本語の語順

　以上、述べてきたことから、英語には語や文に情報を付け加える方法がたくさんあり、また、**後置修飾を主としながらも前置修飾も併用している**ことがわかります。そこで、これに対して日本語は、と振り返ってみると、先に英文の下に日本語訳として示しておいたように、例外なく、

すべての場合で前置修飾になっています。つまり、修飾していく手順がはっきり決まっているといえます。説明に当たる修飾部を前にし、結論部を最後にする日本語はあいまいである、とする意見もあります。しかし、それは、以上述べてきたような、一貫した語順の表れでもあるのです。

　一方、英語は結論部を最初にもってくるのが基本で、その後に、説明部分を次々に付け加えていきます。そのため、**英文を聞くときには**、いったん文が完結したように感じても、次に何が付け加わってくるかわからず、常に警戒心をもって臨まなければならないところがあります。これに対して日本語は、**修飾部分がすべて終わってから結論部分が来るので**、そこで**終了感**を得ることができるのです（ただし、英文を**聞く**のでなく**読むときには**、語のつながりやコンマやピリオドが見えているので、途中、終了などの経過を認知しやすくなります。また、これが、日本人がリスニングよりもリーディングの方を得意にしている理由のひとつです）。

　以上、前章と本章で述べてきたように、英語は語順文法にもとづいて作られており、また、SV で始まる5文型の後ろから修飾部分を付け加えていく、**後置修飾の文の形**を基本にしています。一方、日本語は、修飾部分を前半に置き、主要な部分を最後に回す、**前置修飾の文の形**を作っています。

　では、このような文構成の順序の違いは思考の順序にも影響を及ぼしているのでしょうか？　次章では、この問題に目を向けてみます。

6章

周辺から中心の日本語 vs. 中心から周辺の英語

1 『源氏物語』の世から変わらない日本語の語順

　前章で述べたように、**日本語は主要な部分を後ろに置き、修飾する部分を前に置く語順（前置修飾）**が基本です。反対に、**英語は主要な部分を前に置き、修飾する部分を後ろに置く語順（後置修飾）**を基本にしています。つまり、いいたいことの中心が日本語では後、英語では前と、**文の作り方が正反対**なのです。

　このような違いがいつから始まったのかを詳しく調べるのはこの本のテーマではありません。しかし、この日本語の特性が早くから現れていたことは確かです。1章では、「は」によって最初に大きなテーマを示す日本語の特徴が平安時代の随筆『枕草子』にも現れていることを述べました。これも、いいたいことの範囲を最初に広くとって、その後、中心に進むという、**周辺から中心へ**という話の進め方になっています。このような日本語の特徴は、同じく平安時代に書かれた、世界最古の長編小説ともいわれる『源氏物語』の冒頭の文にも表れています。

　以下は、それを、原文、サイデンステッカー訳、現代語訳の順で示したものです（コトノ 2012より）。

　いづれの御時にか、女御、更衣あまたさぶらひたまひけるなかに、いとやむごとなき際にはあらぬが、すぐれて時めきたまふありけり。

　In a certain reign there was a lady not of the first rank whom the emperor loved more than any of the others.

　ある御代に、最上の位ではないのに、他のどの方々よりも帝の寵愛を受けた女性があった。

原文の肝心なところ（主要部）は、最後の「すぐれて時めきたまふあ
りけり」で、その前はすべて修飾部分です。また、最後の部分も「すぐ
れて時めきたまふ」は実は修飾の部分であり、その後の、おそらく「更
衣」に相当する、本当の主語に当たる部分は省略されています。一方、
英訳では、前の方に出てくる"there was a lady"が**主要部**で、その後
はすべて修飾部分です。つまり、日本語と英語の正反対の語順が表れて
いるのです。そして、最後に、現代語訳を見ても、原文と同じ周辺から
中心の語順になっていることがわかります。

2　周辺から中心の日本語・中心から周辺の英語

　以上のような語りの順序の違いはなぜ起きるのでしょうか？　話し手
は聞き手の視点を誘導していきます。その誘導していく順序が日本語と
英語では正反対になっているから、と考えられます。
　原文では「いづれの御時にか、女御、更衣あまたさぶらひたまひける
なかに」と、まず時と場を大きく設定し、次に「いとやむごとなき際に
はあらぬが、すぐれて時めきたまふ」と、徐々に中心人物（桐壺の更衣）
へと迫っていきます。一方、英訳は、物語の始まりであるため、まず"In
a certain reign"と時を設定しますが、直後に"there was a lady"と、
いきなり中心人物を登場させます。その後は、彼女の周辺状況が続きま
す。つまり、**日本語の視点誘導は周辺から中心で、英語は反対に中心か
ら周辺**になっています。

3　歴史的変化が小さかった日本語・大きかった英語

　ところで、ここでもう一度、日本語の基本的な語順が変わらない、と
いう問題に戻ると、『源氏物語』が書かれたのは西暦でいうと1008年頃
であるといわれています。そして、その叙述の方法は、以上、見てきた
ように、基本的には現代の日本語と変わりません。
　それでは、英語の過去と現在にはどのような関係があるのでしょう
か？　英語には以下のように**4つの時代区分**があるといわれています。

1．古英語　　（Old English）　　　　449〜1100年
2．中英語　　（Middle English）　　　1100〜1500年
3．近代英語　（Modern English）　　　1500〜1900年
4．現代英語　（Present-day English）　1900年〜

　『源氏物語』が書かれたのは、英語の時代区分でいうと、古英語の時代の終わり頃ということになります。そして、その時代の英語はどのようなものだったのか、というと、**現代英語とは「まるで異なる言語」だった**、といわれています（堀田 2011）。本書の4章では、日本語が格文法であるのに対して英語は語順文法であり、それが両言語の主な違いになっていることを述べました。ところが、**古英語の時代には英語も格文法にもとづく言語であり**（堀田 2011）、その点では日本語に近い言語だったのです。

　英語はその後、1000年足らずのあいだに、周辺諸国の影響も受けながら急激な変化を遂げていくことになります。この本の**2章**で述べたように、言語は共同注意という関係性のもとで生まれ、日本語はその関係性を踏襲しながら発展しました。しかし、一方、英語は、主要な出来事をあらかじめ作られた公式に合わせて表すように方針転換をしたと考えられます。

4　格文法の言語にも見られる日欧の違い

　ところで、私は、**4章**で、ヨーロッパ言語にも、日本語と同じように主語を省略できるものがあり、また、格文法にもとづくものがあることを述べました。ただし、それは、それらの言語に単語の格変化があることで日本語に近いということを述べただけで、すべてが日本語に近いというわけではありません。本章のテーマである、**周辺から中心 vs. 中心から周辺**という観点から見ると、それらの言語も英語と同じように後者に属するのです。

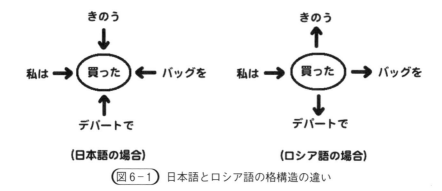

（日本語の場合）　　　　　（ロシア語の場合）

図6-1 日本語とロシア語の格構造の違い

　格文法とは、動詞に対する、だれが、いつ、どこで、なにを、などの関係性を格助詞や名詞の格変化で表すものです。図6-1は、「きのう私はデパートでバッグを買った」という文の格文法的な構造を日本語（左図）とヨーロッパ言語の一員としてのロシア語（右図）について表したものです。

　格文法にもとづく言語の語順は、英語、中国語などのように語順文法にもとづく場合と比べて自由です。しかし、標準的な語順というものはあり、上記の文を日露で比べると以下のようになります。

> きのう　私は　デパートで　バッグを　買った。
> Я купил сумку в универмаге вчера.
> （私は　買った　バッグを　デパートで　きのう）

　語順というものは、話し手が表したいものを聞き手に見せていきたい順序を示しています。そして、この語順を図6-1の格文法的な関係性に当てはめてみると、日露の文は中心の語も周辺の語も同じですが、矢印の方向が反対であり、日本語は周辺から中心へ、ロシア語は中心から周辺へと向いているのです。

　日本語と英語の違いは大きく、あいだには大きな距離があります。そして、その中間には、ある面で日本語に近く、別の面で英語に近い多く

の言語が存在します。英語は、これらの言語がもつ、日本語に近い部分を削って、現在の形に至った、と考えられます。

5 日本語の視点・英語の視点

ところで、この本では、ここまで、**視点**ということばを何度も使ってきました。しかし、日本語には2種類の視点の意味があります。**第1は視線が注がれる場所、第2は視線が発生する場所**です。そして、これまで、この本で用いてきた視点の意味は主に第1の意味でした。なぜそうなったのかというと、日本語は共同注意にもとづく言語なので、話し手と聞き手が視界の中の同一の場所に視線を注ぐことができないと、話を進めていけないからです。

では、英語の視点の意味は、と和英辞典で調べてみると、第2の意味しか出てきません。つまり、"a point of view" や "a viewpoint"（観点）の意味です。もちろん、英語にも "look at 〜"（〜を注視する）や "focus on 〜"（〜に焦点を当てる）ということばがあります。ただし、それは視点を固定した場所に置くことを意味し、日本語の「視点を移す」や「視点をめぐらす」のように、**視点を動きのあるものとして用いていない**ようです。

日本語が視点ということばを動きのあるものとして使うことが多いのは、これまで何度か述べてきたように、「きのう<u>は</u>」とか「その問題<u>は</u>」というように、**まず「は」でテーマを示し、次にその中をめぐっていく**話し方をすることが多いためであると考えられます。一方、英語は、**まず話の中心となる出来事を述べ、それとの関係で周辺の事柄を述べていく**のを基本としています。

このような違いを踏まえて、視線が注がれる先としての視点の動きの違いを日本語と英語について表したのが図6-2と図6-3です。

日本語の視点は、本章の冒頭でも述べたように、周辺事項から始まり、中心事項へと徐々に迫っていきます。その過程で、立ち寄る先が生まれ、結果として、中心事項が変更されることもあります。一方、英語の場合

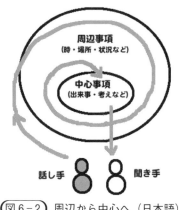
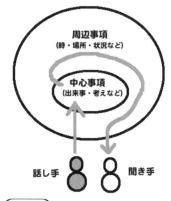

（図6-2）周辺から中心へ（日本語）　　（図6-3）中心から周辺へ（英語）

は、「何が・どうする」（SV…）という、5文型で表される文を文頭に置くことを基本としているので、視点はまず、それが表す中心事項に置かれ、その後、それに関連する周辺事項へと視点を移していきます。この場合、中心事項に何を置くかが重要で、それを決定する前には**図6-2**の日本語の場合のような、周辺から中心へのプロセスがあるはずです。しかし、英語では、**中心事項を提示する**ことを優先し、その根拠は後ろに回されます。これは、**仮説→検証**という、西洋発の研究方法にも通じるものです。

　周辺から中心への日本語の視点は、**手紙の宛名表記**でも、最初に住所、最後に氏名であることに表れており、逆に、中心から周辺への英語の視点は、最初に氏名、最後に住所であることにも表れています（住所も、日本語では県から番地ですが、英語では番地から国です）。

6　科学的方法を生み出した英語の視点

　ではなぜ、日英の言語に、このような違いが現れたのかというと、そこには英国を取り巻く**大きな時代的な変化**が関係していると考えられます。現代の英語は先の時代区分でいうと、近代英語（1500～1900年）以降に作られたといわれています。それは、新大陸の発見（1492年）があ

り、万有引力のような自然法則の発見（1665年）があり、産業革命（18〜19世紀）の勃興がありと、人々の関心領域が急速に拡大し、物事を客観的に捉え、定式化して表そうとする気運が高まった時代です。それは、本書の2章や3章で述べたように、話し手と聞き手が共同注意にもとづいてことばを交わすという、個人レベルでのコミュニケーションよりも、多くの人々が共有する、物事の捉え方（文法や論理）にもとづくコミュニケーションを重視する動きです。

　それでは、このような大きな歴史的変化の中で生まれた西洋的な論理とは何でしょうか？　それは、世界にある様々な人や物や事を分類して定義づけ、また、それらが生み出す出来事を公式化していこうとする発想です。つまり、3章で述べた、「こいつは誰だ？何をする？」という問いに対して、定式的に答えていこうとする発想です。

　現代社会では、私たちの前に絶えず、新しい人、新しい物、新しい出来事が現れます。そこで、私たちはそれらについて調べ、調べる能力が高い者、解決する能力が高い者が社会的に評価されます。このような社会で、人々は常に、新しい物を発見しようとし、また、人々の目が集まる、**事件性の高いもの**がまず取り上げられます。つまり、それは、「**これはなんだ？**」と、**世界の中のどこかの一点に注目**し、次にそれが位置する場所や起きた状況を分析する、**中心から周辺へ**、という発想です。

7　木を見る西洋人・森を見る東洋人

　ことばのしくみは人の心のあり方に影響し、また、人の心のあり方はことばのしくみに影響します。日本語と英語のことばのしくみが以上述べてきたように大きく違うなら、それは**心のあり方**の違いとしても表れるはずです。

　実は、以上述べてきたことに対応すると考えられる実験結果があります。それは『木を見る西洋人　森を見る東洋人』（ニスベット 2004）と題する本の中で紹介されているものです。この本の著者は、東洋人のものの見方や考え方は「**包括的**」であり、西洋人のそれは「**分析的**」である、

と考えています。東洋人は、対象を取り巻く「場」全体に注意を払うのに対して、西洋人は何よりも対象そのものの属性に注意を向けると考えられるのです（訳者あとがきより）。

　なお、この本のタイトルの中の「森を見る東洋人」には少し気になるところがあります。というのは、東洋人といってもひとまとめにはできないところがあるからです。たとえば、東洋人の多くを占める中国人が使う**中国語はSVOの語順文法**であり、英語や多くの西洋語と同じで、この点では日本語と大きく異なります。しかし、一方で中国語は、**時と所は文頭に置き、さらに前置修飾の語順**によって文を構成します。これは日本語と全く同じで、このような文の構造は日本人の思考にもつながっていると思います。

　本書の中には多くの研究が引用され、そこから上記のような結論が導かれているわけですが、中でも興味深いのは次のような実験（Masuda & Nisbett 2001）です。

　実験には日本人学生20名とアメリカ人学生20名が参加しました。彼らは20秒間の動画を二度ずつ見た後で、自分が見たものを説明することが求められました。動画の中には大きく動きの速い一匹の魚、別の魚やカエルや水草などの生物、水や石や泡のような無生物が含まれていました

（図6-4）水槽の動画

106

（図6-4参照）。そして、実験結果は、まさに彼らのものの見方の違いを反映するものだったのです。

　特に実験者を驚かせたのは、参加者たちの第一声でした。**日本人は**「池のようなところでした」というように、**環境について述べる**ことが多かったのに対して、**アメリカ人は中心の魚から話を始める**者が3倍も多かったのです。また、中心的な魚について述べる回数はほぼ同数でしたが、背景的な要素について述べる回数は日本人の方がアメリカ人より6割以上も多かったのです。

　以上の結果は、**周辺から中心へという日本語の特性と中心から周辺へという英語の特性**をよく表していると考えられます。日本語の場合は、全体的な景色を詳しく観察した後、中心的な存在にたどり着きます。ですから、その両方を憶えています。しかし、英語の場合は、まず中心的な存在を見つけようとします。そして、それを見つけると、それに関連する範囲で周辺の様子を心にとどめます。以上のような日英の言語の違いが、この実験の結果にも反映していると考えられます。

8 舞台中心の英語の叙述法

　先に述べたように、現代の英語は、多くの人々が行き交い、交流し、多くの出来事が起きる時代になって形成されたものです。すると、その全体を一挙に表すことはできず、社会的に重要な出来事や事件性のある出来事を舞台として表す形式をとるようになる、と考えられます。

　ただし、日本語の場合も、2章で述べたように、共同注意の関係性のもとで、注意を向ける対象の範囲を選んで表す働きがあります。しかし、それは、たとえば「東京では〜」とか、「彼は〜」というように、テーマを表す「は」を用いて、**まず話題とすべき場を設定した上で、そこで起きる出来事を表していきます**。つまり、話し手が場所を指定して次に出来事が表されます。しかし、反対に、英語の場合は、**まず出来事が選ばれ、表された上で、それを取り巻く場が設定される**のです。

＊英語世界の「舞台」と日本語世界の「舞台」

　私は、**英語の構造は、出来事を表す舞台の構造に似ている**と考えています。舞台とは、その上で出来事が演じられるように用意された場所です。そこには出来事を起こす中心人物や脇役がおり、また、大道具、小道具があり、その役柄や数などが管理されます。

　このような出来事の設定は、演劇的な舞台だけでなく、結婚式や裁判の場面にも表れています。そこでは中心人物と中心的な出来事があらかじめ設定されており、そこから発して、多くの周辺的な出来事が示され、語られていくのです（このことについては私の前著、熊谷 2020でも述べています）。

　この意味では、人の世で行われる出来事の多くは特定の舞台設定にもとづいて実施されています。オリンピックのようなスポーツの祭典や議事運営にもスタジアムや議事場のような舞台が用意されており、そこでは登場する人物やプログラムがあらかじめ決定されています。英語は、このような場面設定をモデルに組み立てられていると考えられます。

　もちろん、日本にも古くから舞台はあり、重要な働きをしてきました。しかし、「舞台」ということばが「舞う」と「台」でできていることに表れているように、そこは台上の人々の姿や振る舞いを見せることの方が中心であり、会話が西洋の演劇のように前面に出る場所ではなかったと考えられます。ところが英国では、16〜17世紀のシェイクスピア劇に代表されるように、舞台の上は登場人物によって多くのことばが交わされ、議論される場所としての役割が大きくなっています。

9　日本語の語順は物語や論文の進み方に合っている

　ところで、ここまで述べてきた日本語と英語の違いは、主にひとつひとつの文についてでした。では、複数の文が連なる文章や、さらに大きなことばのまとまりである物語という単位から見ると、日本語と英語は同じように大きな違いをもっているのでしょうか？

　日本語は**文脈的な言語**である、とよくいわれます。**1**章の会話例で示

したように、日本語では、一度出てきて共有された主語や目的語はどんどん省略されてゆきます。一方、英語では、それらを常にきっちり示していくのが基本です。もちろん、英語でも、**3章**で述べたように、前の文で出てきたものは"it"や"one"などを使って簡略的に表現されます。しかし、その部分が完全に省略されることは少ないのです。つまり、文を連ねていく文章のレベルでも日本語と英語には大きな違いがあります。では、物語の全体的な流れについては違いがあるのでしょうか？

　実は**物語のレベルになると、その展開の順序は日本語も英語も同じ**です。日本語による作文や論文の指導では「起承転結」に則して述べていくようにとよくいわれます。まず発端となる出来事を示し、それに直接つながる出来事や新たに発見された出来事をいろいろ示した上でクライマックスに到達します。このような物語の基本的な展開は日本語による場合も英語による場合も同じであり、万国共通であるといえます。だからこそ、日本の文学や映画の名作は英語圏でも名作となり、英語圏で生まれた名作の場合も同様です。

　また、学術論文の構成は、**序論・本論・結論**であり、これも万国共通の様式です。つまり、結論が最後に述べられる、**周辺から中心の展開**になっています。そして、この展開順序は、まさに、日本語の文の構成と同じです。ということは、日本語では文のレベルでも物語のレベルでも一貫して周辺から中心へという流れをもっている、といえます。前置きが多く、結論を最後にまわす日本語の文は率直でなく、簡潔性を欠くとよくいわれます。しかし、以上述べてきたことから考えると、それは**出来事や認識の順序に合致**しており、自然な成り行きである、とも考えられるのです。

　英語は"SV..."で始まることばなので、まず主語と動詞を頭に置かないと文が始まりません。**3章**の片岡義男 (1999) からの引用の中にあったように、アメリカは、ともかく自己アピールし、喋らなければ存在が認められない文化であるのもこのような文構造が影響しているのかもしれません。しかし、このような、ともかく話の中心から出発しようとす

る文構成の手順は、先の7で紹介した実験結果のように、中心以外の部分を見落とすことにもつながりやすいのではないでしょうか。

10　日本人は英語を使うときは周辺→中心の発想を捨てるべきか？

　日本人はグローバル化の時代にあって、どの程度、英語ネイティブの発想に近づくべきなのでしょうか？　日本人的な英語でも、私の経験からすると、予想するよりは英語ネイティブに通じるものです。しかし、それだけに固まってしまうと、ヒアリングの方では、ネイティブの英語を聞き取りにくくなくなります。また、文書を書くときには、英語らしい英語を書いた方が相手に好印象を与えます。

＊「英語らしくない英語」でも……

　最近、マリアさんとの英会話の中で気になっていることがあります。それは、私が、英語で発言するときにも、時や場や条件などのことばを頭にもってきて、**周辺→中心思考**で話したくなってしまう、ということです。これまで述べていたように、英語はSVから始め、時、場、条件などは後ろに回す中心→周辺思考の言語です。このことを考えると、私は英語らしくない英語を話そうとしているわけで、せっかく英語レッスンを受けているのに目的に合わないことをしているわけです。しかし、"Yesterday, ..." とか、"In the case of young children ..."（幼児の場合は）というような前置きをした方が、そのあとを考える余裕が生まれるので、ついこのような話しぶりになってしまうのです。

　そこで、確信犯的に、わざとこのような話し方を連発してみても、マリアさんは、私の話し方に特に異議を唱えません。それは、これでも一応意味は通じるからであり、また、マリアさん自身も、日本人のこのような発想の英語に付き合うことに慣れているのかもしれません。ただ、このような場合も、どのような順序で話すのが英語として自然なのかと聞くと、答えてくれます。

以上述べてきたように、日本人は周辺→中心の方向で自分たちの思考を高め、文化を築いてきたともいえます。英語に合わせるためにと、それを捨ててしまうのはむしろ損失であるといえるでしょう。ですから、英語の世界に入っても、そのクセをある程度残す、日本語的な英語があってもいいのではないか、と思います。

　この本の序章では、シンガポールで使われるクセのある英語はシングリッシュ、インドで使われるクセのある英語はヒングリッシュと呼ばれることについて触れました。そして、このような人々が英語を使うときに共通して見られるのは、クセのある英語であっても、それを恥じずに、自信をもって使っているということです。

　日本人が話すクセのある英語についても、最近、ジャパングリッシュ（または、ジングリッシュ）と呼ばれることがあるようです。ただし、いまのところ、このことばには、カタカナ英語が多いことなど、負のイメージが伴っているようです。しかし、そこに表れるクセには、上述のように、日本語の発想の中のプラスの側面も含まれているといえます。日本人は、今後、日本語的な英語であっても、それを恥じることなく、もっと積極的に使っていくべきなのかもしれません。

　この問題については、最終の**9章**でまた触れることにします。

7章
英語にはなぜ完了形が
あるのか？

1　日本語と英語で逆転する「時」の表示順序

　英語にも日本語と同じように「きのう」「きょう」「あした」というような時を表すことばがあります。しかし、これまで述べてきたように、英語は5文型を優先し、このような、時を示すことばは通常、後ろに回します。

　日本語も英語も、以下の例文の下線部を見るとわかるように、時間表現は時の表示と動詞の変化の二本立てで行われます。しかし、その位置は逆転しており、また、役割も違ってくるので、日本人にとって英語の時間表現はむずかしいのです。

> きのうは終えなければならない仕事がたくさんあった。
> I had a lot of work to finish yesterday.

　上記の日本語文で「きのうは」が最初に来るのは、これまでの章で何度も説明した、テーマを作る「は」を用いているからで、「**きのう**」という日を**テーマ**にして話そうとしているのです。一方、英語では、"yesterday"は補足的な意味しかもっていません。時についての情報を作るのは最初に出てくる"have"の過去形である"had"です。英語は、これまでも述べてきたように出来事中心の言語であり、そのまた中心である**動詞の時制変化によって時を表します**。そのため、英語の動詞の時制変化は重要であり、また複雑です。これに対して日本語は、上記の日本語文の場合でも、「ある」という動詞が「あった」に変わるだけで、時制変化は非常に単純です。

2 完了形が英語の時制を複雑にしている

英語の時制変化は12もあるといわれています。なぜそんなに多いのでしょうか?

時間に過去、現在、未来があることは日本人にもよくわかります。また、それぞれに進行形があることも理解できます。これで、3×2で計6種の表し方ということになります。ではなぜ英語ではその数が12にもなるのでしょうか? その理由は、この6種すべてに完了形が加わり、6×2で12種になっているからです。

日本語には完了形という形をとった文の作り方はありません。ただし、完了形の文を日本語に訳すときにそのニュアンスを出すことはできます。しかし、完了形としての決まった形になっていないので、日本語訳を読んでも完了形の文体としては記憶に残りにくいのです。

また、たとえば英会話教室などで英語ネイティブの人と話していても、そこは完了形を使った方がいい、と指摘されることはまずありません。英会話場面では、日本人が積極的に話すことが優先されるので、そのような指摘で会話の流れをストップさせることは避けられるからです。私自身、いまから思うと、マリアさんとの会話を始めた頃(3年前)には、ほとんど完了形を用いない話し方をしていました。それでも、大筋で話は通じていたのです。しかし、その後、文の形を意識して英語の小説を読み、映画を見るようになると、そこは私があまり使わない完了形で溢れていることに気づきました。

ではなぜ英語には完了形があるのでしょうか?——そこを探ると、**出来事を中心にした英文法のしくみ**がもっとはっきり見えてきます。そこで、この章では完了形を中心に話を進めますが、その前に、まず、日本語と英語は、時間の捉え方にどのような違いがあるか、について説明しておきます。

3 話し手時間 vs. 時間軸時間

時間というと、私たち日本人も、今では、時間軸とかタイムラインと

114

いうように、線のイメージで考えることが多くなっているのではないか、と思います。しかし、これは西洋的な時間の捉え方を取り入れたからで、日本人は、本来、別のイメージで時間を捉えてきたのではないか、と思います。

　日本語は、これまで述べてきたように、「きのうは～」「東京では～」「この問題は～」というように、**話したい事柄の世界を大きく囲み、その中にある事象をひとつひとつ取り上げていきます。**そして、そこにいるあいだは他から独立して内部の世界を巡ります。日本語のこの特性は、時間の世界にも当てはまります。

　たとえば、本章冒頭の日本語文の一部を変更して次のような文を作ってみることにします（比較のために、その英訳も添えておきます）。

> きのうは、仕事が沢山あり、家に帰るともう遅くなっていた。
> I had a lot of work yesterday and it was late when I got home.

　日本語の文が表すのはすべて過去の出来事です。しかし、過去であることを直接に表しているのは、最初の「きのうは」と最後の「いた」だけで、その間に挟まれた部分は現在形になっています。

　日本語では、図7-1（次頁）に表したように、過去、現在、未来に、それぞれ独立した時間の場を作り、「きのうは」「きょうは」「あしたは」というように、行き先を宣言してその場に入ると、まるで、そこにいるかのように現在形で表し、最後に、「～だった」「～した」「～している」「～する」というような時間を表すことばで結んだ上で会話の場に戻ってくるのです。つまり、日本語にとっての時間は話し手から見る時間で、**話し手時間**といえるのです。

　このような時間の捉え方は、未来の行為を表すときに、文法的に見ると一見、誤りであるかのような表現を生みだすことになります。たとえば、日本語で道案内をするときに、「交差点まで来たら右に曲がりなさい」という言い方があります。これは未来の行為についていっているの

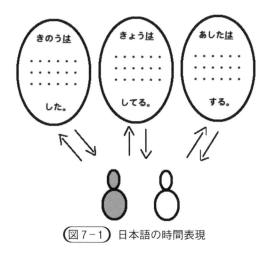

日本語の時間表現

に「来たら」と過去形を使うのはおかしく見えますが、日本語としては
誤りではないのです。**想像の中では話し手と聞き手はすでに交差点に着
いており**、その時点から見ると「来た」のは過去の行為になっているの
です。

　一方、英語は、物語の冒頭部分などを除き、基本として時間の指定は
後回しにし、文中に出てくる**動詞によって時間を表しています**。

　英語の時間表現は、過去、現在、未来が時間軸上で強く結びつき、日
本語のように各時間領域が独立していません。これが、日本語と大きく
違うところで、**時間軸時間**であるといえます。そのため、各時点で起き
る出来事はすべて、**図7-2**に表したように、現在を基準点にして、そ

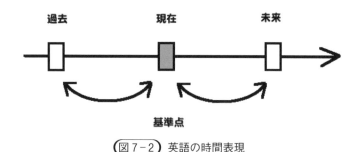

図7-2　英語の時間表現

116

こから見た場所に位置づけられています。ですから、先の日本語文（115頁）の下の英訳では、すべての出来事が過去にあるので動詞もすべて過去時制になっています。

4 英語の三人称的な視点から生まれた「時制の一致」

英語には、日本人には馴染みにくい時間表現があります。それが**時制の一致**です。時制の一致は、上記の英文にも表れていますが、過去に起きたことはすべて過去形で、という英語の方針です。そして、この方針は、英文が間接話法という方法で作られるときに特にはっきりした形で表れます。

会話は日本語でも英語でも直接話法と間接話法で表されます。直接話法は人がいったことばをそのまま「　」や"　"の中に入れて表す方法で、一方、間接話法は人のいったことばの内容を表す方法です。例として、日英の同じ内容の文をそれぞれ直接話法と間接話法の順で表してみます。

①彼は私に「僕は君が<u>好きだ</u>」といった。
②彼は私が<u>好きだ</u>といった。
③ He said to me "I <u>love</u> you."
④ He said（that）he <u>loved</u> me.

この中の④が英語の間接話法です。これらの文が作られるときの、話し手と出来事の関係性は、**図7‒3**（次頁）のようになるのではないか、と思います。

4つの文を比べてみると、①と②では、図中に表したように、話し手は、心理的に彼に告白された現場に飛び、その内側に入って、相手のことばを聞き、それを再現していると考えられます。その結果、そこでいわれたことばは現在形になっているのです。そして、そのあと、「といった」のところで現在に戻り、過去として振り返っていると考えられます。

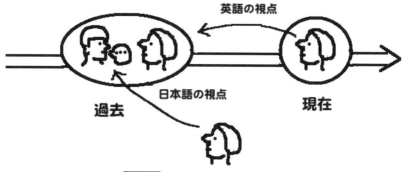

（図7-3）　過去を見る視点の違い

　一方、英語の特徴を強く表しているのが④の間接話法の文です。この話法では、話し手は、図中に表したように、自分が体験した出来事であっても、それを外側から第三者の行動として距離を置いて見つめ、表します。すると、それは、現在から独立した過去の領域内に位置づけられるので、たとえ彼がまだ心変わりしていなくても過去の行為として表されるのです。このように、過去の世界の出来事は過去形で、未来の出来事は未来形で、という英語の原則は強力です。そのため、彼が発したことばをそのまま表したいときは、③の文のように、" "のマークの中に収めて、話している現在の場所にもってこなければならないのです。

5　完了形はいつ現れてくるのか？

　以上のように、英語は、話し手の思いひとつで現在と異なる時制に飛んでいく日本語とは異なり、時間軸に沿い、時間軸上での関係性にもとづいて物事を表そうとします。その特徴が強く表れているのが本章の中心テーマである**完了形**です。そこで、以下、この問題に入っていきたいと思います。

　ことばの発達という点から見ると、完了形はやや高度なレベルの表現になります。まだ、ことばを話し始めたばかりの英語圏の子どもが作る文の記録を調べてみても、そこには例外的な場合を除いて完了形は見あたりません（Tomasello 1992；巻末の発話例）。

また、幼い子どものために作られた絵本、エリック・カール著の『はらぺこあおむし』("The very hangry catapillar" 1969) のセリフを読んでみても、そこにはいっさい完了形は見あたりません。英語にとって完了形は欠かせないものなのに、なぜそれなしで物語が成り立つのでしょうか？

　そこで、この物語のすじをたどっていくと、次のようになっています。まずある月夜に葉っぱの上に小さな卵が発見され、日曜日にそこからあおむしが生まれました。あおむしは、月曜日にリンゴ、火曜日にナシ、水曜日にすもも、木曜日にイチゴ、金曜日にオレンジを食べ、土曜日にはたくさん食べ過ぎておなかが痛くなりました。それからさなぎに入って何日も眠り、ついにきれいなチョウチョになって出てくるのです。

　この物語の語りの特徴は、図7-4に表したように、**時間の進行に沿って順に出来事が語られている**ということです。この場合は、時間軸上の別の時点から出来事を見つめる過程は含まれていません。では、どのようなときに完了形は必要になるのでしょうか？

　そこで、エリック・カールが共著者になっている別の絵本を調べてみると、そこには最後のページにひとつだけ完了形が出てきました（いわむらかずお／エリック・カール 2001）。この絵本は、"Where are you going?" "To see my friend."（どこへいくの？　ともだちにあいに！）という猫と犬の会話から始まり、次々に動物が集まってくる話になっています。そして、物語を締めくくるのが以下の2文です（カッコ内の「みんな」は複数形であることを表すために補足）。

My friends have come.　　わたしの　ともだちが（みんな）　きたよ。
Now let's sing and dance!　さあ、うたお！　さあ、おどろ！

　第1文は過去、第2文は現在の事柄です。そして、**過去の出来事が現在の出来事を導き出**しています。皆が<u>もう集まっている</u>から、一緒に歌い、踊ることができるのです。

6　完了形にはなぜ "have" が付いているのか？

　『はらぺこあおむし』と比べると、『どこへいくの？　To See My Friend!』は英文が作る世界が少し高度になっています。前者は過去形だけでできていますが、後者には "Where are you going?" "To see my friend." と、現在と未来をつなぐことばも出てきます。つまり、**時間を行ったり来たりする働き**が生まれているのです。このような時間展望がある中で完了形も現れると考えられます。

　そこで、時間の進行に沿って順に話が進む、**図7-4**の過程と区別するために図7-5の図式を示しておきます。

　ただの過去形は、過去のある時点の行動をただ順にピックアップして述べていくだけです。これに対して、**現在完了形は、過去の行動とその結果としての現在の状態を結びつけ、表していきます。**過去があるから現在があります。現在完了形とは、英語で "**present perfect**" であり、現在が完成している、という意味です。私たちは時間経過の中で様々な

過去の行為　　現在の状態

図7-5　現在完了形の時間進行

経験をし、それを積み重ね、**いわば行動の貯金をした上で今を生きてい**ます。それを意識して表すのが完了形であると考えられます。

　ここで、あらためて、**完了形にはなぜ"have"が付くのか**、について考えてみます。私たちは、良くも悪くも過去の行動の蓄えを背負って現在を生きています。つまり、多くの過去をもっています。ですから完了形では、**こういう過去をもっている（have）から、こういう現在がある**、ということをいいたいのです。

　一般に完了形は、**完了、経験、継続**に分けて捉えられています。その例文を順に挙げてみると次のようになります。

① 　I have finished my homework.
　　宿題はもうやったよ。（完了）
② 　I have been to New York.
　　私はニューヨークに行ったことがある。（経験）
③ 　I have lived in this town for ten years.
　　私はこの町にもう10年間住んでいる。（継続）

　これらはすべて、話者が**ある行為の蓄えをもっている**、ということを意味しています。そして、**こういう行為をしたから、いまこういう状態にある、ということを暗に示している**のです。①は、宿題はもうやったから、もうやる必要がない、という意味です。②は、ニューヨークには行ったことがあるから、街の様子についてある程度、知っている、ということをいいたいのです。また③は、この町に10年住んでいるから住人や土地柄について承知している、ということを暗に示しています。つまり、すべて、過去の行為が原因となり、現在の状態がその結果になっているのです。このように**原因と結果の関係**を強く意識して表すのが英語の特性です。

それから、もうひとつ完了形をむずかしくしているのは、現在完了形だけでなく**過去完了形**や**未来完了形**もあるということです。このことは完了形の世界を3倍複雑にしているように見えますが、実はそうではありません。

英語は先に述べたように、時間の基準点を現在に置いており、そこから過去や未来を見つめます。そのため、過去について述べるときは、これまで示した例文の中にあるように、これは過去だよ、と過去の出来事を表すたびに念を押します。未来についても同様です。日本語のようにいきなり過去や未来の世界に飛び込んでいくことはありません。

このように現在を基準として、過去との強い結びつきを表しているのが現在完了形です。そして、**このような2つの時間の関係性をそっくり過去と未来へとシフトしていったのが過去完了形と未来完了形である**と考えられます。

そこで、過去完了形と未来完了形を時間軸に沿って表すと**図7-6**のようになります。これらの場合に使われる文では下記の例文のようにhave が had や will have になりますが、基本的な考え方は現在完了の場合と変わりがありません。

When he got there she had already left.
彼がそこに着いたとき、彼女はもう去っていた。

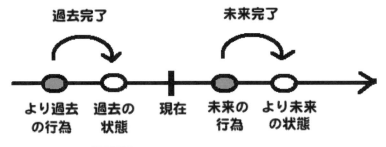

図7-6 過去完了・未来完了の時間進行

The game will have been over by ten o'clock.
10時までには、その試合は終わっているでしょう。

8　仮想の時間軸を作る仮定法

　とはいっても、英語にも時間軸から逸脱していく表現はあります。それが仮定法です。仮定法は「もし〜だったら……」と、現実の時間軸から離れたところに現実と相反する出来事を作ります。しかし、この場合も、現実の時間軸を基点として、そこから仮想の時間軸を分岐させているのです。仮定法とは英語で"the subjunctive mood"といい、「副次的に（sub）連結した（junctive）様式」という意味があるのです。

　英語の仮定法には**仮定法過去**と**仮定法過去完了**があります。**仮定法過去**とは仮定の時点が**過去**で、そこから見た未来（**現在**に当たる）を予想します。**仮定法過去完了**は仮定の時点が**過去のまた過去（過去完了）**で、そこから見た未来（**過去**に当たる）を予想します。一方、仮定法でない、**ただの条件法**は、**現在**（または、現在以降のある時点）の状態に条件を付けて、**未来**を予想します。そこで、仮定法でない、条件法の文から始めて、その例文を順に並べてみると以下のようになります。

① 　If I have enough money, I will be able to buy the car.　（条件法）
　　　十分お金をもっていれば、あの車を買うことができるだろう。
② 　If I had enough money, I could buy the car.　（仮定法過去）
　　　十分お金をもっていたら、あの車を買えるのに。
③ 　If I had (had) enough money, I could have bought the car.
　　　十分お金をもっていたら、あの車を買えたのに。　（仮定法過去完了）

　実は②と③の日本語訳を見てもわかるように、**日本語でも仮定の部分の時間は過去**になります。未来と違って過去はすでに確定しています。にもかかわらず、あえてそこに戻って架空の時間進行を作ろうとしてい

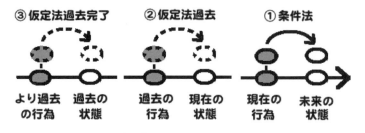

（図7-7）仮定法の時間進行

る点では日本語も英語も同じだからです（なお、仮定法過去完了の仮定部分は、特に時間を限定する必要がなければ過去形の場合が多いようです）。

　①、②、③の時間的な関係を時間軸上にプロットしてみたのが**図7-7**です。仮定法は仮想の時間軸を作るので点線で時間進行を表しています。一方、条件法は、時間軸の方向がまだ切り替え可能なので実線で時間進行を表しています。図を見てわかることは、時間の位置や文法的な名称は違っても、すべて同じ形をしていて、それが過去の過去、過去、現在、未来のあいだで**シフト**しているということです。それは、**図7-6**で完了形について見たのと同様の基準点を移動していく構造です。

9　仮定法は完了形の別バージョンといえる

　以上のことからいえるのは、**仮定法は完了形の形や考え方に非常に似ている**ということです。先に私は、私たちは過去に行動の貯金をもっており、それが現在とどう関係しているかを表しているのが完了形である、と述べました（本章6）。そして、仮定法とは、**この貯金が実際にはなく、しかし、もしあったらこうなっただろう、と想像する文の作り方で**あるといえます。ですから**仮定法とは、空想バージョンの完了形である**ということもできるのです。

　英語は日本語と比べると、時間軸を重視する言語です。これに対して日本語は、これまで述べてきたように、時間軸よりも話し手の視点を重視する言語です。しかし、日本語でも、出来事を仮定し、その結果を予

想するときのように、ふたつの出来事の時間的な関係性をきっちり表さなければならないときは、「もし〜だったら……」と、**時間をさかのぼることばをきっちり入れた表現**を用い、時間軸にもとづく英語の表現に近づいていくのです。

　ただし、仮定法の場合も、日本語にはやはり日本語らしさが残っています。先の②の例文で、仮定部分は英語と同じように「もっていたら」と過去形になっていますが、帰結部は「買えたのに」と過去にすることも可能ですが、「買えるのに」と現在形にした方が自然です。それは、本章の3で述べたように、日本語には、話が最後には話し手のいる場所に戻ってくる、という特性があるからです。

10　ドラマの中では頻出する動詞の完了形

　ここで本章の中心テーマである完了形の問題に戻り、その日本人にとっての意味について考えてみます。

　先に述べたように、英語ネイティブであってもごく幼い時期には完了形の文は口にしません。また、日本人の場合も、初級段階の英語学習者の場合は、英会話場面などで完了形の含まれた文はほとんど発しないのが実情です。

　実は私も、かつては完了形を用いた文とはあまり縁のない世界で英語に接していました。私はこれまで発達心理学および障害児教育の専門家として英語の文献を読むことは多かったのですが、残念ながら、その中に含まれる完了形はあまり意識していませんでした。文献から必要な情報だけを得ると、その内容は日本語に変換され、日本語として記憶されていたので完了形の部分は消えていたのです（しかし、いま、あらためて、それらの英語文献を調べてみると、予想していたよりは多くの完了形が使われていることに気づきます）。このような事情で、私は、完了形は英文の中でそれほど多くは使われない用法だと勝手に思いこんでいました。

　ところが最近になって、以前よりも英語のドラマやドキュメントを見ることが多くなり、注意して聞いていると、そこは完了形の宝庫である

ことを知りました。**ドラマやドキュメントの中では多くの人が出会い、すれ違い、お互いの心や行動の履歴を探り合います。**すると、そのやりとりの中では完了形が**出来事の経過を捉えるための非常に有効な手段**になっているのです。

　ここで、多くの英語学習者が教材とすることの多い、有名な『ローマの休日』を例に、ドラマの中でどのように完了形が使われているのか探ってみます。この映画は、ある国の王女、アンがイタリア訪問中、深夜に大使館を抜け出し、新聞記者のジョーと出会って丸一日をローマで過ごす、というストーリーです。

　　深夜、戸外で眠っているところをジョーに起こされ、彼の部屋に入ったアンはいいます。
　　I've never been alone with a man before.
　　私はこれまで男の人と二人きりになったことはないの。(現在完了・経験)

　　一方、王女の失踪を知った大使館内は大騒ぎです。
　　Have you searched the grounds?
　　敷地内をくまなく捜したのか？（現在完了・完了）

　　また、翌朝、寝坊してオフィスに到着したジョーは秘書にこういわれます。
　　Mr. Hennesy has been looking for you.
　　支局長がずっと捜してたわ。(現在完了進行形)

　　ローマでの長い一日を終えた後、アンは結局、大使館に戻ります。そして、失踪をとがめられた彼女はこう切り返すのです。
　　Were I not completely aware of my duty to my family and my

country, I would not have come back tonight.

　王家と国家に対する義務を全く自覚していなければ、今夜戻ることはなかったでしょう。（仮定法過去完了）

　最後の文は仮定法を用いた複雑な文になっています。文頭の"Were I not"は、"If I were not"の倒置形で仮定の意味を強め、いかめしく表しています。そして後半の"would not have come"は仮定法過去完了の用法で、実現されなかった過去の行為を表しています。和訳と対照すると英文は長く厳密な形になっています。過去における仮定とその帰結であることがきっちり表されており、また、"my"が、しつこく３つも連なっています。

11　『ABC殺人事件』で使われている現在完了形と過去完了形

　私は、この本の５章で、『ABC殺人事件』のリライト版を読むだけで、英文のすべての基本的なパターンに出会えると述べました。そこで、この章のテーマである完了形についても、それがこの本（本文が85頁）の中にどのくらいの頻度で現れているか、について調べてみることにしました。その結果は以下の通りです。

　・現在完了形　　　35回
　・過去完了形　　　52回

　合計すると87回なので、完了形は平均して１頁に１回ほど使われていたことになります。ただし、同じ頁に二度、三度と使われていることも多いので、この物語を読むと頻繁に完了形に出会うことになります。

　そして、上の数字を見てもうひとつ気づくのは完了形の中でも過去完了形の数が多いことです。先に引用した『ローマの休日』で見られた完了形のほとんどは現在完了形でした。それに対して『ABC殺人事件』は過去の事件を振り返る物語のスタイルなので、過去が時間の基準点になっているからです。また、それに加えて、これが推理小説で、次々に事件が起き、その各時点で以前に起きたことを確認したり、以前の推理

と改善された推理を比べたりすることが多いからだと思われます。

　ここでは、テレビドラマ版の『ABC 殺人事件』（デビッド・スーシェ主演）の中に、いよいよ犯人像が明らかになってきたところでポワロが発した面白いセリフがあったので、それを紹介します。

> I had assumed that they were written by a madman. Mais non!
> 私は手紙が狂人によって書かれたと思っていました。しかし、違います！
> （最後の文はフランス語）
> They were written by a sane man pretending to be mad.
> それらは狂人であるように装った正気の男によって書かれたのです。

　最初の文で、ポワロは以前に抱いていた（had assumed）認識を否定します。それは、新たな認識（手紙は正気の男によって書かれた）に到達した過去の時点よりさらに過去の認識だったので**過去完了形**になっています。

　このように、推理小説では、推理しては後にそれを否定して新たな推理にたどり着く、という過程を繰り返します。すると、現在完了形や過去完了形が活躍することになるのです。

　ただし、完了形は英語話者にとっては非常に身近にある用法です。本章の最初で述べたように、言語を獲得してまもない子どもは用いませんが、幼児期のうちに完了形の世界に入っていきます。本書の 4 章で紹介した、幼児向けの読み物 "Frog and Toad Are Friends"（邦訳名：『ふたりはともだち』）の中にも数えてみると、現在完了形が 9 回、過去完了形が 4 回、出てくるのです。ただし、それらは物語の中で何度も同じ文の形で現れることが多く、子どもが学びやすい形になっています。

　私は 1 章で、**日本語は文脈重視の言語である**と述べました。それに対して、英語はあまり文脈を重視しない言語であるようにも見えます。しかし、それは日本語のように、**話し手と聞き手が共有する形での文脈**を

重視しないという意味で、英語は、別の意味では文脈を重視しています。
それは、**時間軸上での第三者的な出来事の文脈**です。英語は、出来事と
出来事が時間軸上でどうつながっているかを客観的に表そうとします。
そのとき最もよく活躍するのが完了形であるといえます。

8章
映像中心の空間 vs.
行為中心の空間

1 映像中心 vs. 出来事中心の空間表現

　言語にとって空間は重要です。私たちは無限に広がる空間の一部を切り取り、ことばで表します。そのとき、日本語と英語のように世界の捉え方が違うと空間内にあるものの意味づけも違ってきます。**1章、2章**で述べたように日本語は**共同注意**にもとづく言語なので、話し手と聞き手は自分たちの回りには何があるか、どこに注目すべきか、に重点を置きます。事物がどこにあり、どのように関係しているかを中心にして表していくのです。一方、英語は**行為（V）や出来事**に重点を置いて捉えるので、空間は行為がおこなわれ、出来事が起きる場所として把握されます。また、空間内にあるものを行為の対象として、その数量なども正確に把握しておこうとします。

　なお、そのとき、日本語は、**1章、2章**で述べたように、空間内にあるものを助詞の「は」と「が」を使って区分けしますが、英語は後で述べるように、**"the"** と **"a"** を使って区分けします。この区分けの仕方には共通したところもありますが、映像重視の日本語と出来事重視の英語のあいだには微妙な違いが表れてくるのです。

　以下、これらの問題について、詳しく見ていくことにします。

2 「ある」で捉える空間 vs. "have" で捉える空間

　いまも述べたように、**日本語は共同注意を基調とした言語**です。そのため、人と人が共同注視の領域を探り、「ここには～がある」「そこには～がある」と、対象物を空間の中に位置づけていきます。すると、そこは人々が注視すべき**映像空間**としての意味合いが強くなるのです。これ

と比べると、**英語は人や物の動きを中心にして文を作ります。**また、**3**章で述べたように、**個体識別**といって、人や物がもっている個別の特性を識別しようとします。そのとき、大きな識別特徴になるのは**対象が何をもっているか、**ということでしょう。

　このような意味での空間の表し方の違いは私たちの身近なところにたくさんあります。物や人のあるなしについて聞くとき、日本語と英語には以下のような違いが表れてきます。

　もっと小さいのは<u>あります</u>か？　はい、<u>あります</u>。
　Do you <u>have</u> smaller ones?　Yes, we <u>do</u>.

　ご兄弟は<u>います</u>か？　いいえ、<u>いません</u>。
　Do you <u>have</u> brothers and sisters?　No, I <u>don't</u>.

　同じ内容の会話なのに、日本語では「ある」や「いる」で表し、英語では"have"で表しています。つまり、**日本語では映像空間の中で対象を見つけようとするのですが、英語では相手がそれを所有しているかどうかを問題にするのです。**

3　英語では経験を"have"で表し、日本語では「ある」で表す

　以上のような日本語と英語の空間の捉え方の違いは、前章のテーマだった時間の表し方にも影響してきます。というのは、時間は捉えにくく、空間イメージにすると全体を見やすくなるからです。そこで、いったん、前章で取り上げた例文に戻って、この問題を考えてみることにしましょう。

　きのうは終えなければならない仕事がたくさん<u>あった</u>。
　I <u>had</u> a lot of work to finish yesterday.

日本語は、過去の時間領域に多くの仕事が「あった」ことを述べています。一方、英語は多くの仕事を「もった」（"had"）ことを述べています。つまり、**日本語では、時間を表すときも、「きのうは」「あしたは」というように、時間領域を空間イメージとして並べていき、その中に出来事を収めていきます**。一方、英語では、"have"や"had"のように、行為を過去形にすることで表しています。

そして、このような違いは、さらに、前章の主なテーマだった**完了形の中にも**表れています。ここで、7章6の例文を再度、列挙してみます（①の日本語訳は完了のニュアンスを強めるために少し変更しています）。

① I <u>have</u> finished my homework.
   僕はもう宿題を終えてしまってい<u>る</u>。
② I <u>have</u> been to New York.
   私はニューヨークに行ったことが<u>ある</u>。
③ I <u>have</u> lived in this town for ten years.
   私はこの町にもう10年間住んで<u>いる</u>。

英語では完了した行動についても**人が所有する（have）もの**として表しており、日本語ではそれがその人の過去の中に**「ある」、または、そのような状態の中に「いる」**ものとして表しています。つまり、日本語では、空間内に何かを発見するかのように時間領域内にある行動を発見し、表すのです。

4 「ここ・そこ・あそこ」の日本語と"here""there"の英語

日本語は、2章で述べたように、共同注意を基調とした言語であり、それだけに、話し手と聞き手が目の前にある空間を詳しく区分しておこうとします。

表8-1と**表8-2**は、日本語と英語で指示詞がどのように区分されているかを一覧したものです。日本語では区分が3種で細かく、英語は区

表8-1 日本語の指示詞の体系

	場所	方向		物	所有※
こ系	ここ	こっち	こちら	これ	この
そ系	そこ	そっち	そちら	それ	その
あ系	あそこ	あっち	あちら	あれ	あの
ど系	どこ	どっち	どちら	どれ	どの

※品詞分類では連体詞となる

表8-2 日本語の指示詞に対応する英語のことば※

here	this
there	that
where	what（which）

※品詞分類では左列は副詞、右列は代名詞となる

分が2種でゆるいことがよくわかります。日本語で「ここ」とは話し手の周辺で、「そこ」は聞き手の周辺、「あそこ」はどちらからも離れた場所を示します。また、それに対応して対象物の位置なども「あそこには〜がある」というように位置づけられます。

　一方、英語は、空間区分が大ざっぱで、"here" と "there" だけです。また、場所と方向が同じことばで表されるのも英語の特徴です。そのため、"here" は話し手の周辺であることもあれば、もっと広く "we" の周辺であることもある、というように境界が曖昧です。なお、世界の言語を眺めてみると、指示詞が英語のように二分されている場合と日本語のように三分されている場合があり、それが各言語の特性と深く関係しているように思われます（これについては、熊谷 2011を参考にしてください）。

5　日本語が作る一、二人称的な空間と英語が作る三人称的な空間

　私は、この本の3章で、日本語の話し方をドライバーと助手席の人のあいだの会話にたとえました。それは、ドライバー、同乗者、フロント

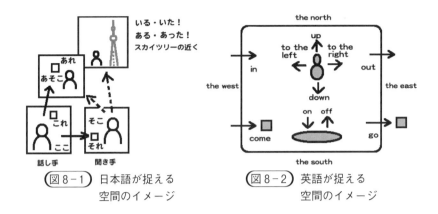

いる・いた！
ある・あった！
スカイツリーの近く

あれ
あそこ

これ
ここ

そこ
それ

話し手　　　聞き手

図8-1　日本語が捉える
　　　　空間のイメージ

the north

up
to the
left
to the
right

in

out

the west

down

the east

on off

come

go

the south

図8-2　英語が捉える
　　　　空間のイメージ

ガラス越しの景色という、共同注意の関係性を作る空間の中でのコミュニケーションであるといえます。これに対して、英語が作る空間はカーナビが作る空間にたとえられると思います。

　日本語は、前方に何が見えるか、そこから自宅が近いか、というような手がかりで話を進めることが多くなります。一方、カーナビ映像にもとづくと、車は地図上のどこにあるか、東西南北ではどちらの方角に向かって、どのような速度で走っているのか、というようなことが表示されます。

　日本語の会話は、話し手と聞き手が直接自分たちの目で確かめた映像にもとづく**一、二人称な空間**を作っているといえます。一方、英語は、空間全体を**皆が共有できる尺度、つまり空間座標のようなものにもとづいて構造化**し、その中に人や物の位置や動きを当てはめ、さらに速度なども測定していきます。そこに作られているのは**公的な空間**であるということができるでしょう。また、それは、対象を外側から客観的に捉える、**三人称的な空間**である、ともいえるでしょう。

　そこで、以上述べた日本語と英語の空間の捉え方の違いをイメージとして表すと、**図8-1**と**図8-2**のようになると思います。この図に表れた空間のあり方の違いは2章の**図2-6**で表した、日本語と英語の共同注意の発達レベルの違い（段階ⅱとⅲの違い）にも対応しています。日

本語にとって空間は、その中で共同注意の対象が決定される場の広がり
ですが、英語にとって空間は、人や物や出来事の位置や動きを表すため
の公的な尺度です。つまり、出来事を5文型という公式に当てはめ、ま
た、時間を時間軸という尺度にもとづいて表すのと同じように、空間も
前後左右や東西南北というような座標にもとづいて表そうとしているの
です。

6　空間内での動きをリアルに表す英語の動詞

　英語の空間イメージは、**人や物の動きと深く連動**しています。英語に
は**基本動詞と空間的な意味をもつ副詞や前置詞が結びついたことば**が非
常に多く、また頻繁に使われています。それらは、"take in"（取り込む）、
"take out"（持ち帰る）、"turn on"（点ける）、"turn off"（消す）、"get
up"（起きる）、"sit down"（座る）などであり、例を挙げればきりがあ
りません。下線を引いたのはすべて図8−2の中に示した副詞（後ろに
名詞が付く場合は前置詞）です。

　以上のように見てくると、**英語にとって空間とは行為がおこなわれる
場所や方向を表している**、ということができます。また、動詞は出来事
を作るわけですから、英語は**出来事が起きる舞台として空間をイメージ**
しているということもできます。

7　活動の場の詳細を伝える英語の複数形

　ところで、図8−1と図8−2に戻って考えると、日本語は基本的に二
人で空間を共有することを想定しています。しかし、英語は多くの人が
そこで活動する**比較的広い空間をあらかじめ想定している**ようです。そ
こには、英語が2章や3章で述べたように、経済活動や交易活動が活発
になる中で変化してきた言語であることが関係していると考えられます。

　たとえば、人々の集団がある島に上陸し、そこに住む人々と交易する
か、定住するか、あるいは、島を征服するか、という意図をもっていた
とします。すると、島の広さはどのくらいか、島民の数は何人か、農地

や漁場はいくつあり、どれだけのものが採れるのか、などを確かめておかなければなりません。

このような状況では、数の見積もりは上陸作戦の成否につながります。人や物があるか、ないか、というだけでなく、どのくらいあるか、を常に明らかにすることが必要になります。

そして、このように対象が複数あることを前提としたことばの用い方が定着すると、その考え方はあらゆる場面に広がっていったと考えられます。その表れとして、先の、「ある」と "have" に関する例文では、"smaller ones" と "brothers and sisters" というように、こんな場合にも、わざわざ複数形にしておく、というルールとして表れていました。あるかないかを聞くだけなのに、**あらかじめ複数ある場合を想定して文を作る**のです。そして、ない場合は、"I (We) have no ones." と、ないものまで複数形にしておくのが通常の答え方です。また、英語では、メガネ（glasses）もハサミ（scissors）もズボン（pants, trousers）も2つが結合した構造なので複数形で表します。

英語は、わかっていても "I" や "you" や "my" や "your" を省略できず、関連するものをすべて揃えておかなければならないしくみをもっています。これは、了解しているものをどんどん省略していく日本語の話し方とは正反対の特徴です。そこで、レッスンのときに、英語はなぜこんなに厳格でなければならないのか、についてマリアさんに聞いてみると、彼女は、**英語は混乱を避ける（avoiding confusion）言語だから**と答えました。英語は上述のように、日本語よりも複雑な状況で発せられることを前提として作られた言語である、といえます。ですから、複雑な状況に合わせ、あいまいさを排する方針がすみずみにまで行き渡っている、ということができるでしょう。

8 　舞台の空間設定に係わる "the" の役割

　英語には、いま述べたように、あらかじめ活動の場を正確に設定しておくという特徴があるようです。そして、活動する人々を取り巻く場所は、演劇などがおこなわれる舞台にたとえることができると思います。すると、そこは、観劇する人々にとって理解しやすい、管理された場所であることが必要になります。この、**舞台管理に用いられるのが定冠詞の "the" である**、と考えられます。

　一般に定冠詞には「**特定されているもの**」「**共有されているもの**」「**ひとつしかないもの**」に付けられる、というような説明がなされています。しかし、このような説明は漠然としていて、誤解を招きやすいところがあります。日本人の場合は、「特定」とか「共有」というと、二人とか三人のあいだでの特定や共有を思い描きやすいからです。しかし、英語の "the" は、もっと広い意味での共有、つまり**多くの人々が社会で、または舞台の上で共有していること**を意味する場合が多いのです。

　そこで、以下の2つの例文を通してこの問題を考えてみましょう。

> I found a house on the top of the hill.
> 丘の上に一軒の家を見つけた。
> There was a pond on the left side of the house.
> その家の左側には池があった。

　ここで注目してほしいのは "on the top"、"on the left" と、**空間的な位置を示すことば**に "the" が付いているということです。ちなみに、英語では上・中・下を表すことば（the top, the middle, the bottom）、左右を表すことば（the left, the right）、東西南北を表すことば（the east, the west, the south, the north）には "the" が付いています。また、太陽、地球、海のような、空間を作る大元になっているものにも "the" が付けられています。ですから、これらの "the" はより広く、**舞台設定の背景になっていることば**に付けられた目印であると見なすことができま

す。つまり英語は、あらかじめこのような舞台設定をしておき、そこに人や物を置いていくシステムを作っている、と考えられるのです。

9　2種類の"the"の役割

しかし、上記の2つの例文を見ると、それらの他にも"the"が付けられていることがわかります。それが上の文の"the hill"と下の文の"the house"です。これらは上記の説明には合いません。では、この種の"the"が使われるのはどのような場合でしょうか？

そこで、上記の2つの例文を見直してみると、最初"a house"として出てきたものが次には"the house"となっています。つまり、舞台に最初に現れたときには不定冠詞が付き、舞台上で認知され、登録された後は定冠詞が付いているようです。このことから、"the"は、**第1にあらかじめ舞台設定する語に、第2に舞台に登録された語に付けられる**、という、**2種類の使われ方**があると考えられます。

ただし、舞台登録される語は、上記の"the house"のように**二度目に出てきた場合だけ、と考えることはできません**。その例が最初の文の中の"the hill"です。この文では、話し手と聞き手は、まず、向こうに丘が控えている景色の中に入っていきます。つまり、丘は最初から舞台装置として人々の前面にあります。その上で、丘の上にある家を発見するのです（このケースは日本人が考える共有に近いものです）。このように**景色の中にあらかじめ組み込まれているもの**にも"the"が付くと考えられます。

同じように、語り手が最初から話の前面に出そうとして"the"を付けておく場合があります。それが**作品の題名**です。前章で引用した絵本『はらぺこあおむし』のあおむしは最初から読者にとって周知の虫ではありません。しかし、作者が「今から、あおむしの話を始めるよ！」と、あおむしを話の前面に出そうとしているので"The very hungry caterpillar"という題名になっていると考えられます。このような観点から作品の題名を見てみると、シェイクスピアの"The merchant of Venice"

（ヴェニスの商人）、アガサ・クリスティの"The ABC Murders"（ABC殺人事件）など、作品のタイトルには"the"を冠するものが多いようです。

"the"を付けるか否かは慣例や話者の意図による場合もあり、不確定なところがあります。しかし、背景には以上のような**基本ルール**があり、**英語話者はそれにもとづいて使用しているのです。**

10　共有対象に付ける「は」と新規の対象に付ける「が」

それでは、日本語には、英語の"the"と"a"に相当することばがあるのでしょうか？　それは、本書の1章、2章で紹介した格助詞の「は」と「が」であると考えられます。

日本語で、話し手と聞き手が何かを共有するときには、**共有する領域の枠**を作ります（図1−2および図2−2参照）。そのとき、共有領域の枠を作るのが「は」で、たとえば、「その島には灯台がある」というような言い方をします。このとき、「その島」は話し手と聞き手があらかじめ情報として共有している対象で、「旧情報」とも呼ばれ、英語では"the"を付けて表すことができます。また、「灯台」は話の中に新たに入ってきたもので「新情報」とも呼ばれ、"a"を付けて表すことができます。英訳すると、以下のようになります。

The island has a lighthouse.

この場合は、「は」は"the"に、「が」は"a"にかなりよく対応しています。そこで、このような対応関係を**図8−3**の場面についても確認しておきます。

この場面では、話し手と聞き手が庭のある家の前にいます。そして二人は、①の文では家の屋根について、②の文では庭について話したとします。この場合、話者は図中に示したように映像を切り取りながら語ったことになります。

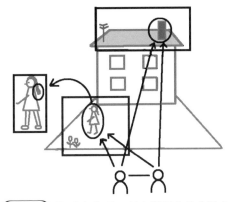

（図 8-3）「は」と「が」の枠と選択を示す働き

①屋根には煙突がある。（There is <u>a</u> chimney on <u>the</u> roof.）
②庭には少女がいる。（There is <u>a</u> girl in <u>the</u> garden.）

　図を見てわかるように、「は」は映像の中の語りたい対象を含む領域に枠を付けています。そして、その語りたい対象に「が」を付けています。枠を付けられた屋根には煙突の他にアンテナもあるかもしれません。また、庭には少女の他に草花があるかもしれません。しかし、話し手は煙突と少女を選び出したので「が」を付けているのです。つまり、**1章**でも述べたように、「**は**」**は枠を作り、**「**が**」**はその中での選択を示す、**といえます。

11　「は」と「が」が作る日本語のクローズアップ機能

　ところで**図8-3**には、少女の部分を切り出したもうひとつの枠を示しておきました。これは、「庭には」ということばで切り出された枠の中でさらに少女を切り出し、枠として独立させています。そして、この枠の中で髪に注目すると以下のような文を作ることができます。

③少女は髪が長い。（<u>The</u> girl has long hair.）

つまり、枠の中で選ばれているものにさらに枠を付け、その映像を拡大して中身を詳述していくという、カメラでいえば**クローズアップ機能**を繰り返していく、という方法をとりやすいのが日本語の特徴です。それは私たちが歩きながらだんだん目的物に近づいていくときの景色の変化にも似ています。

12 物語の中で生じる "the" と「は」、"a" と「が」の非対応

ところで、以上述べたのは、あるシーン（または場面）を取り上げて、日英のことばを分析したものですが、シーンが連なり、出来事が出来事を生むと、それは物語を形作ります。では、物語という範囲で考えると、"the" と「は」、"a" と「が」はどのように対応しているのでしょうか？

以下は、昔話の『桃太郎』の冒頭部分を英日対照で示したものです（ジャパンタイムズ「週刊ST」編 2005）。下線を引いた部分がどう対応しているか見てください。

Once upon a time, there lived <u>an</u> old man and <u>an</u> old woman. Every day <u>the</u> old man would go into the mountains to collect firewood and <u>the</u> old woman would go to the river to do the washing.

One day, while <u>the</u> old woman was doing the washing, <u>a</u> giant peach came floating down the river. <u>The</u> old woman saw it and gasped, for <u>the</u> old woman had never seen such a large peach before in her life.

むかしむかし、あるところにおじいさんとおばあさん<u>が</u>おりました。毎日、おじいさん<u>は</u>山へ柴刈りに、おばあさん<u>は</u>川へ洗濯に行っていました。

ある日、おばあさん<u>が</u>洗濯をしていると、とても大きな桃<u>が</u>川を流れてきました。おばあさん<u>は</u>それを見て息を呑みました。というのも、それまでそんなに大きな桃など見たことがなかったからです。

人物が最初に登場したときには英語では"a"、日本語では「が」で、次に登場したときには"the"と「は」である、という原理は、英日の第1と第2の文にはっきり表れています。ところが、第2段落になり、シーンが替わると、日本語文では、すでに出てきたはずのおばあさんが再び「が」になっています。そして、その後の、第2段落の第2文になると、また「は」の付くことばに戻っているのです。しかし、英文では、おばあさんは、二度目からは一貫して"the old woman"のままです。

　以上のことからいえるのは、**英語では、物語の舞台に登録されたものには、その後、必ず"the"が付くという原理が徹底しているということです。一方、日本語では、「は」が付くことばもシーンが替わり、新たにその中に収められると「が」が付くことばになる、ということです。しかし、そのシーンが続くと、また、「は」が付くことばに戻ります。**

　以上のように見ていくと、英語の"the"と"a"は物語の舞台を基準にして決定され、日本語の「は」と「が」はシーンを基準にして決定されているように思えます。そこで、『桃太郎』の物語のさらに先に進み、このことを確かめてみたいと思います。

13　シーンが決める「は」と「が」、舞台が決める"the"と"a"

　物語を先に進めると、周知のように、大きな桃からは元気な赤ちゃんが現れ、「桃太郎」と名付けられ、成長すると、鬼退治に出発することになります。桃太郎は、途中で猿とキジと犬に出会い、きびだんごを与えて仲間にすると、いよいよ鬼たちが住む鬼が島に到着します。以下は、その先の、猿、キジ、犬と鬼たちが出そろった後の文章からの抜粋です。

①猿が門まで走って行って、扉を叩きました。
　The monkey ran up to the gate and knocked on the door.
②「桃太郎が来た！……」と小さい鬼たちが叫びました。
　"It's Peach Boy！…,"screamed the little demons.
③するとそこに、鬼を目の前にしても怖がる様子のない桃太郎が立っ

ていました。後ろには猿とキジと犬がいます。

　And there stood Peach Boy, fearless in front of them. Behind him stood the monkey, the pheasant and the dog.

　ここに出てくるのは、すべて、すでに物語に登場しているキャラクターです。そのため、英訳では、それらすべてに"the"が付いています（なお、"Peach Boy"は固有名詞として扱われているので冠詞が付いていません）。しかし、日本語では、すべてのキャラクターに「が」が付いています。それは、①②③がすべて違うシーンになっているからです。**それぞれのシーンの中にそれらのキャラクターが新たに登場してくるので「が」が付いているのです。**

　なお、最後のシーン（③）は、桃太郎、猿、キジ、犬を見つけて驚く鬼たちの視点が作る映像です。このように、日本語には、登場人物の中**の誰かの視点でシーンが作られ、また、それが切り替わっていく**という場合が多くなります。これはカメラの位置や方向を次々に切り替えて映像を作る映画の手法にも似ているといえます。

　日本語も英語も物語を進めていくには、作者と読者、または話し手と聞き手が共有する空間を作っていかなければなりません。ただし、そのとき、以上のように、日本語ではシーンを基準に共有空間を作り、英語では物語全体の展開を基準に共有空間を作っていくといえます。つまり、日本語の共有空間は個々の映像にもとづき、英語の共有空間は出来事のつながりにもとづく、という違いがあります。そのとき、このような、空間の捉え方の微妙な違いを表しているのが「は」と「が」、"the"と"a"であるといえます。

　なお、以上の問題については、私の前著（熊谷 2011, 2020）でも述べているので、よろしければ参考にしてください。

```
┌─────────────────────────────────────┐
│            9章                        │
│      日本人は英語と                    │
│    どう付き合うべきか？                 │
└─────────────────────────────────────┘
```

1　英会話と英作文に現れる日本語のクセ

　以上、本書で述べてきたように、日本語と英語のあいだには、前者は一、二人称的な視点で述べ、後者は三人称的な視点で述べるという大きな違いがあります。この違いは文の形の上での違いであるだけでなく物事の捉え方の違いでもあるので日本人が英文を作る上で大きな壁となるものです。

　では、このような、英語への変換のむずかしさは、具体的にはどのような形で現れてくるのでしょうか？　本書では、日本語は、テーマ（「〜は……」の形で現れる）、条件、時、場所など、周辺から始め、中心へと向かうこと、一方、英語では5文型にもとづき、中心的な事柄を述べた後、修飾という形で周辺的な事柄を付け加えていく、ということを述べました。この違いは、英文を作る上でもむずかしさとして現れてくるはずです。

　また、英語圏に長く滞在し、帰国後、YouTube を開設しているユーチューバーたちの意見の中には、日本人の英語には"I think 〜"が多すぎるというものがあります。これは、日本語が、2章で述べたように、共同注意にもとづく、一、二人称的な言語であるため、お互いの見方や意見が重視されるためと考えられます。ではそれらは、日本人が作る英文の中にどのくらいの頻度で現れてくるのでしょうか？

　日本人が作る英文には多くのクセがありますが、それらの中には**クセとして見逃すことができるもの**もあれば、**英語としては誤りである文を生みだすもの**もあります。そのため、ここで、この問題を明らかにしておくことは大切です。

日本人の英語については多くの本が出ています。しかし、それらは良い英文を書くためのもの、ミスなく英語を話し、書くためのものが多く、実際には、「英語脳」の働きにある程度なじんだ読者を対象にしており、**平均的な日本人が英語にどう向き合い、どのような困難に直面しているか**、にもとづくものは案外少ないのです。

　そこで、本章では、まず、**多くの日本人が具体的にどのような英文を作っているのか**、について調査した上で、その結果と関連させつつ、日本人が英語とどう付き合っていくべきか、について考えていきたいと思います。

　この方法を進めるため、私は、大学で英語を教えている教員の協力を得て、**自由英作文**の結果を見せてもらうことにしました。自由英作文とは、**何らかのテーマに対して自分の意見や考えを述べていくもの**で、和文英訳とは違い、文字通り自由に書けるので通常の英会話場面での発話に近く、日本人の英語の特徴があらわになりやすいものです。

　自由英作文は、近年、入試英語でも比重が高くなってきており、入試では、100語前後でまとめるように求められることが多いようですが（大矢 2010）、今回の結果は150〜200語の範囲だったので、その分、日本人の英語の特徴がより表れやすい条件になっていたと思います。

　自由英作文の課題は、辞書なし、準備なしで、複数のテーマからひとつを選んで英作文をしてもらうというものでした。以下述べていくのは、英作文参加者の中から無作為に20名を選び出して分析した結果についてです。

　結果全般についていえることは、現在の大学生は、早くから ALT（外国語指導助手）に接したり、海外でホームステイの経験があったりと、以前と比べると気軽に英語を話す機会がふえており、その分、戸惑いなく英文を作っていくことができるようになっている、ということです。しかし、その中身を、今回のように**文字ではっきり残る形にして確かめてみると、日本語のクセと思われるものが予想以上に多く現れている**ことがわかりました。

2 "I think 〜" が多く現れやすい日本人の英語

　日本人の英語のクセと思われるものの中でも一番、目立ったのは、予想していた通り "I think 〜" が多いということでした。20名中、何人が、何回、"I think 〜" を使ったか、を以下示してみます。

　2回⇒1名、　3回⇒12名、　4回⇒2名、　5回⇒2名、　6回⇒3名

　英作文は150語から200語の範囲だったので、それほど多くの文は書けません。そのため、一度や二度、"I think 〜" が出てくるのは、意見や考えを述べるという自由英作文の趣旨から考えてもうなずけます。けれども、結果を見ると、その数は多く、20名中、19名が3回以上で、6回用いた者も3名います。日本人の英語に "I think 〜" が多いということはあらかじめ予想がついていました。しかし、この結果は私の予想を超えていました。

　日本人の英語に "I think 〜" が多くなるのは、本章の冒頭でも述べたように、**日本語が共同注意の関係性に強くもとづく言語であるため**、と考えられます。この関係性のもとでは、二人または数人がお互いの見方を気にしながら話を進める状況が生まれます。すると、自分はこう見たが、そちらからはどう見え、どう考えるか、というように、**各地点からの見え方、考え方が会話の中心**になります。日本人の会話の根底にはこのような状況設定があるため、英語の会話にも自然に "I think 〜" が多く差しはさまれるのです。このクセは根強く、中には、"I think I want ..." というように、全く不要と思われる部分にまで "I think 〜" を付け加えている人もいました。

　日本人は、日本語でも、授業や会議の発言場面では、「〜と思います」で結ぶ場合が圧倒的に多いようです。しかし、このような発言は個人的な見方として提案されるもので、全体的、普遍的な結論を導きにくいものです。一方、英語の文法は、**2章**で述べたように、公的・普遍的なルールで文を作るようにできており、それが英語と英語話者の発想のもとに

なっているといえます。また、その発想は3章で述べたように"we"や"they"や「あなた方」の意味での"you"の視点を生み出しやすいものです。しかし、今回、閲覧した英作文には、"we"や"they"や"Japanese people"などの語が見あたらず、個人を超えた捉え方が乏しかったのが現実です。

　物事には多くの側面があるので、「〜と思います」と、個々の観点から意見を述べる日本語はそれに適した言語であるといえます。しかし、普遍的な見方として発言することを避けた、自信のない言い方として映ることもあるでしょう。一方、英語は普遍的、断定的に物事を表す文のスタイルをもっているので、そのことによる対立も起きやすいかもしれません。それぞれの言語の特徴を知っておくことが必要です。

3　英文にも表れてくる日本語の「〜は……です」の発想

　今回、学生の英作文を見て、もうひとつ、あらためて確認したのは、日本語では、「〜は」とテーマ設定して始める話し方がいかに根強いものであるか、ということです。

　本書で何度も述べてきたように、日本語は共同注意を根底に置く言語であるため、話し手はまず、「〜は……」ということばで、視界の一部、または、想像世界の一部の領域を囲い込み、その中の事柄について話をします。話を始めるときの、この基本パターンは日本人の中に深く根ざしているため、英文を作るときにも、その発想がそこに混じりやすいのです。

　このことには1章の5で述べたように、マリアさんも以前から気づいておられ、時々注意してきたそうです。それは、たとえば"I am go to bed at 11pm."というような、「私は〜です（ます）」の部分を付け加えてしまう文の作り方です。ところが、これは、英語、さらにはヨーロッパ諸国の言語の中で育った彼女にとっては想像しにくい間違いだったようです。

　今回の英作文の結果の中にも、この種の文が多数現れていました。**英**

148

語ネイティブには理解しにくい間違いだからこそ、日本語と英語のあいだにある根本的な発想の違いを示す、ある意味で貴重な間違いであるといえます。

以下、その実例の一部を紹介します。

I <u>was</u> visit a high school in ...
<u>They are</u> don't speak English.
<u>She is</u> always cook dinner ...
<u>I'm</u> don't hear English sound.

私たち日本人<u>は</u>何かについて語ろうとすると、「私<u>は</u>……」「彼<u>は</u>……」「この食べ物<u>は</u>……」と、頭の中で語るべき物事の枠をまず設定します（実際、このパターン<u>は</u>、いま、書いている私の文章の中にも多く見いだすことができます：下線部参照）。しかし、それは**1章**の**6**で述べたように、最初にテーマを設定する日本語の**文法**による表し方です。ところが英語の基本は SV で始まる**行為の文法**なので、上例の "was" や "are" や "is" や "am" を省いた、行為のところから文を始めなければなりません。これらができないと、英語としては誤りになるので、**単なるクセとして見逃せない**ものです。

ただし、英語にも、"I am Japanese." のような SVC の文型や、受身形、進行形のように、日本語の「〜は……」タイプの発想に対応しやすい文の形もあります。そのため、日本人は、**受身形を過度に多く使ってしまう傾向**があり、また、次のように、**現在形を使うべきところを進行形にする誤り**も生まれやすいようです。

She <u>is having</u> a lot of shoes.　　彼女<u>は</u>靴をたくさんもっ<u>ている</u>。
He <u>is thinking</u>（that）he is right.　彼<u>は</u>自分が正しいと思っ<u>ている</u>。

この場合、英語の下線部は、行為や思考のいつもの状態を意味するの

で進行形でなく "has" と "thinks" でなければなりません。しかし、「〜は〜ている」という日本語的な発想のままに表そうとするので進行形になってしまうのです。

4　"so" を使って結論を後ろに回す日本人の英文構成法

本書の6章でも述べたように、日本語には結論を文や話の最後にもっていくという特徴があります。これは、はっきり意見をいわない態度の表れとも見なせますが、状況や理由を述べた上で結論を述べる態度の表れと見なすこともできます。

ところで、今回、学生の英作文を見ると、この日本語の特徴を生かした英文の作り方を編み出していることがわかりました。それは、以下の文例のように、**"so" を使って結論を後ろに回す方法**です。

> I like children and I like to move my body. <u>So</u> I want to become a nursery teacher.
>
> 私は子どもが好きで、体を動かすのも好きだから、保育士になりたいと思う。

実際、今回の英作文の結果を見ると、**"so" を使って英文を構成した学生の数は多く**、20名中、1回が3名、2回が9名、3回が4名、7回が1名で、0回は3名だけでした。

"so" を使って結論を後ろに回すやり方は、実は、結論がなかなか出てこない日本語を頭から次々に英語に訳していかなければならない同時通訳の仕事でもよく用いられている方法のようです（近藤 2009）。この方法によると、後になって、すでに訳した部分を結論に結びつけることができるからです。その意味では、"so" を使って英文を構成する学生たちのやり方は日本人の思考のクセを生かした巧みな方法であるともいえます。しかし、この方法をあまりにも頻繁に用いると英語らしい英語からはかなり遠ざかっていくことになります。

5 土台の弱い受験の英語

　日本人は長年、英語を学習しているわりに英語能力が向上しない、とは多くの人々にいわれてきたことです。そのことには、日本人は英語話者と話をする機会が少ないことや、日本語と英語では音のしくみが大きく違い、日本語の音は、たとえば「たまご」(ta ma go) のように、ほとんどが１子音＋１母音の組み合わせからなり、シンプルであるのに対して、英語の音は子音中心で複雑であることも関係しています。しかし、一番の原因は、この本で述べてきたように、日本語と英語は、一、二人称的視点と三人称的視点という、真逆の発想で作られた文法であることだと思います。そこで、**この真逆の部分を攻略することこそ英語の壁を乗り越えることになる**はずですが、多くの場合、文法は話すことに直接関係がない、と見なされ、あまり重要視されてこなかったようです。しかし、文法がわかっていないと、ことばの組み立て方を知らずにことばを並べることになり、結局、話すことができなくなるのです。

　英語が嫌いになる一番の原因は、５文型のような基本を学んだ後、それを活用して実際に文を作ってみたり、簡単な読み物を味わったりしないうちに、次々に、大量の英単語、言い回し、文法事項などを覚えなければならないことです。

　このような状況を作ったひとつの原因は受験英語にあるのではないか、と思います。私自身も受験生を迎える大学組織の一員だったのでわかるのですが、入学試験というのは受験生の能力を選別するシステムです。そして、能力の高い受験生を効率よく選び出すのに適した方法は難問を解かせる、ということです。基礎的なこと、当然、知っておいてほしいことを出題したのでは差がつきにくいのです。そして、いったん、このようなシステムができあがると、それに合わせて受験対策がおこなわれるようになってきて、高度な部分、詳細な部分が受験生の主戦場になります。このような状況は、TOEICのような英語能力試験にも当てはまるところがあるのではないか、と思います。

　その結果は、**図9-1**に表したような、日常英語と受験英語のあいだ

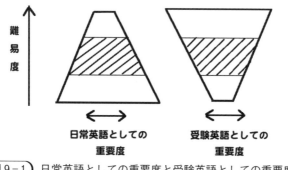

<figure>
難
易
度

日常英語としての
重要度

受験英語としての
重要度
</figure>

（図9-1） 日常英語としての重要度と受験英語としての重要度

の逆転した構図を作り上げることになります。つまり、**日常英語で繰り返し経験され定着していくべき部分が受験英語では重視されず、そこを飛び越した部分の能力を測る出題が多くなります。**すると、多くの受験生にとって、それはテストに対応するために一時的に貯えられた知識となるので、受験が終わると、土台のない知識であるために消えていくのです。

　これは、英語ネイティブが英語を学習していく順序とは逆転したものです。英語話者は、図9-1の中盤あたり（斜線部）に特に時間をかけて英語学習を進めていると思われます。その証拠に、英語話者が早くから親しむ "Frog and Toad are Friends"（4章、5章、7章で紹介した『ふたりはともだち』）のような読み物の中には、接続詞、関係代名詞、関係副詞、to 不定詞、さらには分詞構文のような、5文型をふくらませるための方法がわかりやすい場面の中に何度も取り込まれており、その後の言語発達を応援しているのです。しかし、一方、日本人の英語学習者は、やさしい英語からむずかしい英語への架け橋となる、この重要な部分について経験を積まないまま「試験に出るから」という、とりあえずの目的のために英語に取り組んでいることが多いのではないでしょうか。

6　英語をグローバル言語にした英語の論理

ところで、ここまで私は、日英の言語にはどのような違いがあり、そ

152

こをどう乗り越えていくべきか、ということを中心に話を進めてきました。しかし、ここからは、では、日本人は、なぜ、日本語と相性が悪い英語という言語を学ばなければならないのか、というところに話題を変えて話を進めていきたいと思います。

　日本人が英語を学ぶ一番の理由は、英語がグローバル言語になっているからです。しかし、英語は他の言語使用者にとっては発音がむずかしく、また、本書の**4章、5章**で述べたように、文法的なわかりにくさを抱えています。そのため、必ずしもグローバル言語となるために理想的な言語であるとはいえないところがあります。

　にもかかわらず英語がグローバル言語になったのは、それが**イギリスやアメリカのような現代文明を牽引してきた国々の言語だった**からです。そして、さらに、**英語の中には現代文明を生みだす支えとなるような論理が含まれていたから**、ともいえます。

　言語の大元には共同注意があります。そして共同注意は、**2章の図2－6**に示したように、段階iから段階ii、段階iiiへと発達すると考えられます。そして、これも**2章**で述べたように、日本語が依拠する段階i、段階iiでは話し手・聞き手の、一、二人称的な視点で物事が語られます。しかし、英語が依拠する段階iiiではそれらの視点からある程度独立して、**出来事、時間、空間などの普遍的な関係性にもとづいて**物事が語られます。ということは、日本語では、話し手・聞き手の感覚や感情など、**主観をベースにして**物事が語られ、英語では特定の視点から独立して、物事をその関係性にもとづき、**客観をベースにして**表すことを意味します。そして、この英語の発想から生まれたのが多くの**自然法則の発見**であり、社会を治める**ルールや法律の制定**です（逆の見方をすると、自然や社会の中に多くの普遍的なルールを見つけたことが言語にも普遍的なルールを作るように仕向けた、といえるかもしれません）。現代社会に見られる、英語もしくは西洋文明の優位性はこのような過程の中で生まれたと考えられます。

7 関係の論理 vs. 感覚の論理

　それでは、この西洋文明の優位性は英語のグローバル化と共に浸透し続け、やがては対極にある日本語や日本文化をも飲み込んでいくと考えていいのでしょうか？　このような、日本語の未来についての不安は、すでに10年以上前に、『日本語が亡びるとき』と題する本も現れ（水村2008）、大きな問題になっています。

　私自身は、この問題は、いったん、言語の発生と発展という、根本的なところに戻り、**発達心理学的な観点からアプローチ**していくべき問題である、と考えています。本書の **2** 章で述べ、また先に **6** で述べたように、共同注意は 3 段階に分けることができ、日本語は主に段階 i 、段階 ii に依拠し、英語は主に段階 iii に依拠すると考えています。では、段階 iii に達した英語は段階 i 、段階 ii を乗り越え、それらを廃棄してもいい段階にある、と考えていいのでしょうか？──私はそうとはいえないと思います。

　英語を初めとする段階 iii の論理は個人の視点を超えて自然や社会の現象を客観的・科学的に解明する方法を確立しました。いまや、日本人もその思考法を取り入れ、その恩恵を受けています。しかし、それらの成果を最終的に取り入れ、活用するのはそれぞれの事情を抱える個々人であり、また、個人の集合である共同体です。そこは、**個人同士が視点を照らし合わせ、共感をもって物事を進めていく**個々の場所です。そのとき有効性を発揮するのが日本語において発達している**現場的なコミュニケーション**です。また、最終的には科学的な研究によって結論が得られるような重要な問題も、その大元となるのは、最初に誰かが、「これは困った。なぜ、こんなことが起きたのだろう？」と疑問を抱き、現場で回りの人とそれを共有していく、個々人の思いです。

　前章で述べたように、日本語では話し手と聞き手が共有する空間を「ここ」「そこ」「あそこ」を用いて区分します。また、「は」と「が」を用いて共有空間を提示し、絞り込んだり、対象物を選択したり、対比したりします。そこでは、物事の構造を客観的に表す**英語の関係論理に対し**

154

て、映像的・視覚的な論理を多く使っています。

＊「ガンガン働く」マリアさん

　日本語には、その場で物事を感知することによって表すことばが、視覚を使ったもの以外にもたくさんあります。そのひとつが**感覚全体を使った表し方**で、その代表が、**オノマトペー、つまり擬声語や擬態語**です。たとえば、英語ではものを比較するとき、比較級や最上級の構文を多く用いますが、日本語では「ざらざら」に対して「すべすべ」、「かちかち」に対して「ふわふわ」などの表現を多用します。また物と物との結合についても「ぴったり」「ゆるゆる」など、感覚を呼び覚ますことばを用います。つまり、**感覚論理、または感覚文法**ともいえるものを活用しているといえるのです。

　そして、さらに日本語には、状況を感知することばがたくさんあります。それが**「気」の付くことば**です。それらは「気がつく」「気になる」「気まずい」「気がきく」「気がすまない」など空気感を表すことばで、数え上げればきりがありません。これらは日本語ならでは、の**臨場感、現場感覚**を表すことばで、うまく英語に置き換えることができないものです。

　ところで、最近、マリアさんと日本語の擬声語・擬態語について話し合ったとき、その中に**「ガンガン働く」**という言い方があることを彼女に紹介しました。すると、その日のレッスン終了時に、彼女は「ガンガン働く」と口にしながら次のレッスンの場に向かっていきました。

　最近、彼女が担当するレッスンの数はふえてきており、それに負けずにがんばらなければならない状況なので、このことばが自然に出てきたのでしょう。つまり、日本語の擬声語・擬態語は、英語ネイティブの人にとっても実は受け入れやすく、学ぶと使いたくなる表現であるといえるのです。

8 客観的な英語の中に隠れた主観表現

　以上述べてきたように、英語は、三人称的な観点で物事を客観的なことばによって表そうとする特徴をもっています。そのため、英語表現は、ニュースや学術論文や公的記録には適した様式であるといえます。

　しかし、私たちの身の回りには、**まだ多くの人々に向かって客観的なことばでは表せない物事**が多く存在します。私たちは、それらを「～に違いないよ」「自信ないけど、きっと～だよ」「～のように見える、感じる」「～だろうか」というようなことばを使って表します。これらは、話し手と聞き手が、一、二人称的な関係性の中で話す主観的な表現であるといえます。そして、英語話者であっても、日常の中では、これらに対応した、以下のような**主観的な英語表現**を使わざるを得ないのです。

I'm sure ～	～に違いないよ
I'm not sure, but ～	自信ないけど、きっと～だよ
It looks（feels）like that ～	～のように見える、感じる
I wonder if ～	～だろうか

　英語は「～は～である」「～は～をする」というような、客観的であると同時に結論的な表現を基本にして作られているので、日本人も、それにのっとって英語を学び始めます。その結果、**英語の中に隠れたこれらの主観表現は見落としやすい**のです。けれども、日常的なやりとりでは不可欠なので、これらを使いこなせるようになると、実際的な英語を身につけたことになるのです。

　本章冒頭で紹介したように、日本人の英作文には"I think ～"で始まる文が過度に多く現れます。これも、以上述べたような、英語の中の多様な主観表現を身につけていないので、この表現に頼ってしまうためと考えられます。

　以上、本章で、また、この本全体で述べてきたことを通してわかってきたことは、日本語と英語のいずれかが格段に優れており、あらゆる面で世界を表すのに適した言語である、とはいえないことです。**ある面で強みになることが別の面では弱みになっています。**

　いま、英語はグローバル言語になっていますが、あらかじめグローバル言語になるように作られたわけではありません。様々な弱点ももっており、また、英語を母語としない人々、とりわけ日本人にとっては習得しにくい言語システムです。

　とはいっても、現代は、日本人も英語を学ばなければならない時代です。このような時代変化の中で、**英語公用語化**の動きと、同時にそれに反対する意見（鳥飼 2010など）が現れています。いま、地球規模で活躍するには英語能力を身につけておくことが必要なのは事実です。しかし、そうはいっても、日本人全体が英語能力をハイレベルで身につけることは必要ないはずです。けれども一方で、英語ネイティブのように話せること、映画の中のクセのある英語を字幕なしで聞き取れることを目指すような本や教材も多く出版されています。もちろん、そのような能力を身につけた人の存在は必要ですが、それを身につけるためには多大な時間と労力が必要です。それは他の専門的な活動や日本語に親しむ時間を削ることになりかねません。

　では、そうして得られた特化した能力が日本社会でどのように受け入れられているのか、というと、少なくとも現時点では、その評価は必ずしも高くありません。経団連は毎年、新卒者採用にあたって特に重視している点は何か、について20項目から５つを選択してもらうアンケートを実施しています。その2018年度の結果を見ると、語学能力は17位、留学経験は19位と下位にあるのが実状です（ただし、これは新卒者全般に高い英語力を求めているわけではないということで、そういう能力をもつ者を必要としないという意味ではないと思います）。では、このアンケートで学力や専門性が最上位にあるのか、というとそうではなく、**１位は16年**

連続でコミュニケーション能力でした。そして、日本人が、このコミュニケーションをするときに主に使うのが日本語と日本語の論理です。私たちは人と付き合うとき、共に仕事を進めるとき、また相手を説得しようとするとき、日本語を使って相手の心の中に入っていこうとします。この日本語能力が現代は少しずつ劣化しているからこそ、それが求められているのではないでしょうか。

　本章の前半では、日本人の英語が日本語の発想に引きずられたクセのある（また、時には誤りである）ものになりやすいことを述べました。しかし、日本人は日本語の発想をもとにして生きている以上、それはある程度許容すべきです。**序章**や**6章**で述べたように、いまは、英語ネイティブの人口よりも英語を共通語として使う人口の方がずっと多くなっています。そのため、クセのある英語がふえてきて、インド英語はヒングリッシュ、シンガポールの英語はシングリッシュと呼ばれますが、それでも彼らの英語が国際的に通用するようになっているのは、ネイティブ英語からは遠くても、英語の基礎、つまり「英語脳」にのっとった、通じる英語になっているからでしょう。

　6章でも触れたように、最近、日本人の英語もジャパングリッシュ（または、ジングリッシュ）と呼ばれることがあるようです。このことばも、やがて、クセをもちつつも世界で通用していく、日本人の英語として認知されるものになっていってほしいと思います。

10　ハイブリッドなことばと論理を求めて

　実は、日本語の中には、すでに多くの英語の要素が入り込んでいます。日本人は明治以来、翻訳文化を通して多くの英語の概念や論理を取り入れ、日本語化してきました。先に引用した経団連のアンケートでも「論理性」という項目が7位になっています。おそらく社内プレゼンをするときにも、ミーティングで発言するときにも、日本人は英語由来の論理を使っているはずです。つまり、日本語によるコミュニケーションの中にも本当は英語の一部が含まれているのです。しかし、それらの多くは、

たとえば「イノベーション」や「コンプライアンス」のようなカタカナ語で、実際に英語話者に向かうと英文の形で自分の考えを組み立てることはできないことが多いのです。

　日本では、2020年より英語が小学校高学年で教科として教えられるようになり、早くから英語に慣れることが推奨されています。ただし、そこでは英会話が重視され、英文を読んだり英文法を学んだりするのは旧来の方法として重んじられない傾向が現れているようです。しかし、**文法が身についていないと、結局、英語のしくみを使うことができず、話し聞く能力を高めることができない**のです。

　ただし、これまでの英語の文法書は、多くの文法用語や用例を示していても、それらを、**世界を表すためのひとまとまりの発想**としては示してこなかったように思います。それを日本語の発想と対照させつつ見えるようにしようとして著したのが本書の内容です。

　いま、英語がグローバル言語として使われる時代の中にあって、英語ネイティブの人たちは、自国のことばを使うだけでビジネスの現場で、また、国際的な学術交流の場で楽に意見を述べることができるようになっています。そのため、他の言語を使う人々がその場をリードすることがむずかしく、**「英語帝国主義」**とも呼ばれる状況が生まれています。しかし、逆の見方からすると、英語ネイティブの人たちは日本語など別の言語の論理を知るには不利な立場にあるともいえるのです。

　この本の中で何度か述べてきたように、日本語や日本文化には英語や欧米の文化に欠けやすいものを補う論理が含まれています。実際、このことに気づき、日本語や日本文化を学ぶ欧米人はふえてきています。その一方で、日本人自身がグローバル化の波に押され、日本語と日本文化の良さを忘れかけているところがあります。

　しかし、見方を変えると、グローバル化の中で英語を学ぶことは、日本人が日本語を見直す上で大きなチャンスにもなっているはずです。私は、この10年あまり、英語の学び直しを続けていますが、そのことを通

して英語だけでなく、日本語についても多くの発見をすることができました。それは、英語を学ぶという経験を通さないと得られなかったものです。物事の真実は相反するものをぶつけることによって見えてくることが多いのです。**英語を学ぶことは日本語を学ぶことであり、日本語を学ぶことは英語を学ぶことです。**一方が他方を制するという考え方でなく、互いを照らし合わせ、より大きな見地に立つことこそ大切なのではないでしょうか。

　これまで日本では、教科としての国語と英語はあまり関係づけられることなく別々に教えられてきました。しかし、これからは、**国語科と英語科の中に日本語と英語の違いを学ぶ内容をもっと多く含めるべきだと**私は考えています。そのことによって、これまで生徒からは不人気だったように思える文法の学習も両言語を比べて学ぶ上で非常に大切であることに気づき、楽しいものになっていくはずです。

　序章の8で紹介した調査結果に見られるように、日本人は、自分たちがいつも使っている「は」や「が」や「で」などが**格助詞**という名の品詞であることさえ知らないことが多いのが現状です。しかし、日本語を英語と比較してみれば、日本語にとって格助詞というものがいかに重要な役割を果たしているかに気づき、日本語文法に対する自覚が高まるはずなのです。

　このことは、言語学という学問分野を考える上でも重要で、いま、言語学の主要な発信地は英語圏ですが、日本人は英語と対極にある日本語という言語を使っているからこそ、両者を含む広い見地から言語学を築くことができる、非常に有利な場所にいるのではないか、と思います。

　日本人が生来もっている「日本語脳」に「英語脳」の働きを加え、**バイリンガルなものの見方**を備えていくことは、両者をつなぐ**ハイブリッドな論理**を獲得することになります。それはやがて、英語だけの**モノリンガルな論理を超えていく**可能性をもっているはずです。

あとがき

　この本を書き始めた2020年に新型コロナが世界中に蔓延し始め、さらに今年（2022年）になるとロシア軍によるウクライナ侵攻が始まり、多くの人命が失われると同時に世界中の人々が物価高に苦しむことになりました。第二次世界大戦後に生まれた私たちにとって、パンデミックもヨーロッパで起きる戦争も遠い過去の出来事のように思えるものでした。しかし、今回、あらためて、私たちの生活がいかに世界規模の出来事に影響されているか、を実感することになりました。

　ひるがえって、私たちが使う言語というものに目を向けてみると、ここにも世界規模の出来事が大きくかかわってきました。この数世紀のあいだに、多くの国々は、ヨーロッパ列強などによる植民地支配などの影響で２カ国語使用を余儀なくされてきました。ところが、私たちの母語である日本語は、大きな変動の中にあっても他の言語によって侵食されることなく、従来と同じ状態を保つことができました。私たちは、この国の中にいる限り、日本語だけで生きていくことができます。

　しかし、この数十年のあいだのグローバル化の波は激しく、日本語がこれまで他の言語と共存してこなかったことが少しずつデメリットになってきているようです。反面、インド、中国、シンガポールなど、過去に大英帝国による支配や侵略を受けた国々が、その言語環境を生かして経済活動を盛んにしているように見えます。

　このような中にあって、本書の９章で述べたように、英語を重視し、日本語を軽視するような動きも生まれつつあります。しかし、本書で述べてきたように、日本語は英語の対極にある特徴をもち、言語の根本にある共同注意の関係性を強く保ち続ける貴重な言語です。日本語と英語

を共存させることは簡単ではありませんが、両者の違いをはっきりさせることによって、それぞれの構造が明らかになり、相互の理解を速めることができるのではないか、と思います。本書が、このことを実現するため、役立つものになれば、と願っています。

　本書の出版にあたり、いつもながら、新曜社の塩浦社長にお世話になりました。また、編集担当の田中由美子さんには1年以上にわたる原稿の修正に付き合っていただきました。そして、英語をテーマにする、この本の執筆にあたっては、私の英語チューターであるマリアさんに助けられました。彼女がいてくれたおかげで、私にとって遠い世界にあった英語を近くに引き寄せることができました。
　最後に、これまで私の研究人生を支えてくれた家族や大学関係者に感謝の意を表したいと思います。
2022年12月　　　　熊谷高幸

日本語文献

池上嘉彦（1981）『「する」と「なる」の言語学：言語と文化のタイポロジーへの試論』大修館書店

いわむらかずお・カール, エリック（2001）『どこへいくの？　To See My Friend!』童心社

ヴィゴツキー, レフ・セミョノヴィッチ（柴田義松訳）（2001）『思考と言語 新訳版』新読書社

大矢復（2010）『大学入試英作文ハイパートレーニング 自由英作文編』桐原書店

カール, エリック（もりひさし訳）（2006）『英語でもよめるはらぺこあおむし』偕成社

片岡義男（1999）『日本語で生きるとは』筑摩書房

金谷武洋（2002）『日本語に主語はいらない』講談社

熊谷高幸（1993）『自閉症からのメッセージ』講談社現代新書

熊谷高幸（2011）『日本語は映像的である』新曜社

熊谷高幸（2018）『「心の理論」テストはほんとうは何を測っているのか？』新曜社

熊谷高幸（2020）『「自分カメラ」の日本語「観客カメラ」の英語』新曜社

コトノ・キリエ（2012）『英語対訳「源氏物語」（桐壺）：E. G. サイデンステッカー訳と読む』バベルプレス

近藤正臣（2009）『通訳者のしごと』岩波ジュニア新書

さとうみゆき（2013）『ビジネス英語 伝わる！電話フレーズ400』ナツメ社

宍戸里佳（2019）『他言語とくらべてわかる英語のしくみ』ベレ出版

ジャパンタイムズ「週刊ST」（編）（2005）『英語で読む日本昔ばなし Book 1』ジャパンタイムズ

須藤孝光（2010）『1946 白洲次郎と日本国憲法』新潮社

チョムスキー（福井直樹・辻子美保子訳）（2017）『統辞理論の諸相』岩波文庫

角田太作（1991）『世界の言語と日本語』くろしお出版

東京外国語大学語学研究所（編）（1998）『世界の言語ガイドブック 2』三省堂

トマセロ, マイケル（2006）（大堀壽夫他訳）『心とことばの起源を探る』勁草書房

鳥飼玖美子（2010）『「英語公用語」は何が問題か』角川書店

ニスベット, リチャード・E.（村本由紀子訳）（2004）『木を見る西洋人 森を見る東洋人：思考の違いはいかにして生まれるか』ダイヤモンド社

バロン = コーエン，サイモン（長野敬・長畑正道・今野義孝訳）（2002）『自閉症
　とマインド・ブラインドネス 新装版』青土社

フィルモア，チャールズ・J.（田中春美・船城道雄訳）（1975）『格文法の原理』
　三省堂

ブルーナー，J. S.（寺田晃・本郷一夫訳）（1988）『乳幼児の話しことば』新曜社

堀田隆一（2011）『英語史で解きほぐす英語の誤解』中央大学出版部

三上章（1960）『象は鼻が長い』くろしお出版

水村美苗（2008）『日本語が亡びるとき』筑摩書房

村田水恵（2007）『入門 日本語の文法』アルク

森沢洋介（2006）『どんどん話すための瞬間英作文トレーニング』ベレ出版

山田敏弘（2009）『日本語のしくみ』白水社

やまだようこ（1987）『ことばの前のことば』新曜社

ローベル，アーノルド（三木卓訳）（1972）『ふたりはともだち』文化出版局

英語文献

Baron-Cohen, S., Leslie, A. M., & Frith, U. (1985) Does the autistic child have
　a "theory of mind"? *Cognition*, 21, 37–46.

Carle, E. (1969) *The very hungry caterpillar*. Puffin Books.

Christie, A. (1936) *The A.B.C. Murders*. Collins Crime Club (London).

Christie, A. (Abridged by Nina Wegner) (2014) *The ABC Murders*. IBC パブリッ
　シング

Lobel, A. (1970) *Frog and toad are friends*. Harper Collins.

Masuda, T., & Nisbett, R. E. (2001). Attending holistically versus analytically :
　Comparing the context sensitivity of Japanese and Americans. *Journal of
　Personality and Social Psychology*, 81(5), 922–934.

Stewart, D. (監修) (2020) *"The Pillow Book" and other stories : Japanese classics from
　various times*. NHK 出版

Tomasello, M. (1992) *First verbs : A case study of early grammatical development*.
　Cambridge University Press.

Trevarthen, C., & Hubley, P. (1978) Secondary intersubjectivity : Confidence,
　confiding and acts of meaning in the first year. In A. Lock (ed.), *Action,
　gesture and symbol* (pp.183–229). New York : Academic Press.

用語索引

人名索引

著者紹介

熊谷高幸（くまがい・たかゆき）
1947年、愛知県の三河地方で生まれる。早稲田大学フランス文学専攻卒業。印刷会社勤務、法政大学夜間（学士入学）を経て、東北大学大学院にて障害児心理学を修める（博士課程単位取得退学）。
福井大学講師、助教授、教授の後、現在は、名誉教授。福井工業大学非常勤講師。
専門は自閉症者のコミュニケーション支援。12年前より、発達心理学的な観点から日本語と英語の違いについて研究を進めている。
『自閉症の謎 こころの謎：認知心理学からみたレインマンの世界』ミネルヴァ書房（1991）を発刊の後、自閉症関連の著書5冊を出版。本書との関連では『日本語は映像的である』(2011)、『「自分カメラ」の日本語 「観客カメラ」の英語』(2020)（共に新曜社）を刊行した。
E-mail：kumagai.fp@dream.jp

「英語脳」vs.「日本語脳」
違いを知って違いを超える

初版第1刷発行　2023年3月13日

著　者	熊谷高幸
発行者	塩浦　暲
発行所	株式会社 新曜社

〒101-0051 東京都千代田区神田神保町3-9
電話(03)3264-4973(代)・Fax (03)3239-2958
E-mail：info@shin-yo-sha.co.jp
https://www.shin-yo-sha.co.jp/
印刷所　亜細亜印刷
製本所　積信堂

©Takayuki Kumagai, 2023 Printed in Japan
ISBN978-4-7885-1801-8 C1082